금방 괜찮아지는 마음

상처받지 않는 마음을 만드는 심리의 기술 49

금방 괜찮아지는 마음

나이토 요시히토 지음 · 김정환 옮김

꿈지락

사람에게는 누구나
'신경 쓰이는 일'이 있기 마련이지요….

무슨 일이 일어나도
마음에 여유가 생기는 책

이 책은 고민, 초조, 불안 등 부정적인 감정을 없애는 방법을 알리기 위해 집필되었습니다. 아주 간단한 요령만 알면 누구라도 강하면서도 유연한 마음을 손에 넣을 수 있습니다.

먼저 문항을 몇 개 봅시다.

☐ 다른 사람이 어떻게 생각할지가 마음에 걸려 자신이 하고 싶은 일이나 말을 참는 경향이 있다.

☐ 불과 몇 명 앞에서 이야기할 뿐인데 긴장이 되어서 목소리가 떨린다.

□ 이성이 눈앞에 있으면 얼굴이 새빨개지고 쭈뼛거린다.

□ 미래에 대해 비관적인 생각만 자꾸 떠오른다.

혹시 독자 여러분은 여기에 해당되는 사항이 몇 개나 있습니까?

해당 사항이 있는 사람이라면 혹시 이렇게 생각하고 있지는 않습니까?

'원래 소심해서….'

'날 때부터 소극적인 성격이라….'

'천성적으로 마음이 약하다 보니….'

이런 고민은 얼마든지 개선이 가능합니다. 사람의 마음은 고정된 것이 아니라 얼마든지 변할 수 있기 때문입니다. 심리학 용어를 사용해서 설명하자면 마음에는 가소성可塑性이 있습니다.

즉, '마음을 바꾸는 방법'만 안다면 이제부터는 사소한 일로 고민하거나 타인의 눈을 신경 쓰는 일이 사라집니다.

마음을 강하게 만들거나 고민과 불안을 날려버리기 위해서는 일종의 '기술'이 필요합니다. 이것을 터득하면 예전에는 동요했을 일에도 여유를 갖고 오히려 재미있게 대응할 수 있게 됩니다.

결론적으로 '신경 쓰지 않는 마음'은 누구나 쉽게 손에 넣을 수 있습니다. 그리고 일단 그것을 손에 넣으면 '왜 지금까지 그런 것을 일일이 신경 썼을까?'라고 생각하게 되는 날이 반드시 찾아옵니다. 더는 고민, 초조, 불안 같은 '불필요한 감정'에 휘둘리지 않게 됩니다.

마음을 바꾸는 것은 생각만큼 어려운 일이 아닙니다. 인간의 마음은 아주 작은 계기를 통해서 손쉽게 달라진다는 연구 결과가 있습니다. 런던 대학의 버니스 앤드루스Bernice Andrews 박사는 자아존중감이 낮고 우울한 성격이라고 진단받은 사람들을 추적 조사했는데, 7년 후에도 성격이 똑같다고 진단을 받은 경우는 4퍼센트에 불과했다고 합니다. 대부분의 사람은 특별한 노력을 하지 않아도 7년 정도 지나면 성격이 바뀐다는 뜻입니다.

그러나 7년이나 기다릴 여유가 있는 사람은 많지 않기 때문에 이 책을 집필하게 된 것입니다.

지금부터 '일일이 신경 쓰지 않는 마음'을 손에 넣기 위한 방법들을 소개하겠습니다. 부디 끝까지 읽어주셨으면 합니다!

나이토 요시히토

CONTENTS

PART
1

적당히 해도 괜찮다고 정하면 마음이 편해진다

기분을 상쾌하게 만드는 사고방식의 비결

PART

적당히 해도
괜찮다고 정하면
마음이 편해진다

기분을 상쾌하게 만드는 사고방식의 비결

어깨 위의 짐을
사뿐히 내려놓아 본다

'책임감이 강한 사람'은 신뢰받을 때가 많다. 업무를 볼 때도 친구들과 무엇인가를 할 때도 "저 사람에게 맡겨두면 걱정 안 해도 돼"라는 말을 듣는 사람이 있다. 그런데 책임감이 너무 강해서 하나부터 열까지 전부 자신이 직접 해야만 직성이 풀리는 사람도 종종 있다. 다른 사람에게 맡기거나 부탁하거나 호의를 받아들이는 데 서툰 성격인지도 모른다.

'무슨 일이든 책임감을 갖고…'라는 것은 분명히 훌륭한 마음가짐이다. 다만 매사에 '정신을 바짝 차려야 해' '완벽하게 해야 해'라고 생각하고 긴장을 풀지 않으면 결국 지쳐버리지 않을까?

우울증에 걸리는 사람의 대부분은 '책임감이 강한 유형'이라고 한다.

'내가 해야 해!'

'이건 내가 맡은 일이야!'

이렇게 무리하다가 결과적으로 우울증에 걸리는 것이다.

물론 무엇이든 남의 탓으로 돌리고 자신은 전혀 책임지려 하지 않으면 그 역시 문제지만, 지나치게 강한 책임감 또한 마음을 고통스럽게 만든다. 심리학에서도 이러한 사실을 뒷받침하는 연구 결과가 많다. 가령 캐나다 콘고디아 대학의 카스텐 로쉬Carsten Wrosch 교수는 "책임감이 강하고 어떤 일이든 쉽게 포기하지 않는 사람에게서 우울증이 다수 발견된다"고 지적했다.

자신의 마음을 느슨하게 풀어보자

이 책을 읽고 있는 독자들 또한 아마도 성실하게 살고 있는 사람이 대부분일 것이다. 그러나 때로는 자신의 어깨 위의 짐을 내려놓아 보면 어떨까?

'틀림없이 상사가 도와줄 거야.'

'뭐, 내가 지금 기를 쓰고 일한들 상황이 달라질 것도 아니고….'

'애초에 말귀를 못 알아듣는 사람한테 열을 낸들 나만 손해지.'

'갑자기 날씨가 나빠진 게 내 탓은 아니잖아?'

'책임감 모드'가 지나치게 강해졌다면 이런 식으로 마음을 느슨하게 풀도록 허락하는 것이다.

너무 열심히 하려고 애쓰면 마음은 괴로운 나머지 비명을 지르기 시작한다.

'요즘 좀 힘드네'라는 생각이 계속 들 때는 자신에게 친절함을 베푸는 것도 좋은 방법이다.

�֍ '기를 쓰고 노력하는 자신'을
깨달았다면 심호흡을 하자!

다른 사람의 안색을
지나치게 살피지 않는다

사람에게는 '타인의 안색'을 신경 쓰면서 생활하는 측면이 있다.

'뭔가 실례가 되는 말을 하지는 않았을까?'
'저 사람은 대체 무슨 생각을 하고 있을까?'
'나는 상사의 기대에 제대로 부응하고 있을까?'

누구나 이런 생각을 할 때가 있을 것이다.

그러나 타인의 안색을 살피는 것은 모니터나 계기판을 계속 주시하며 감시 작업을 하는 것과 같다. 1년 365일, 24시간 내내 이래서는 마음이 지쳐버릴 수밖에 없다.

상대방의 기분을 제대로 파악하지 않으면 올바른 대응을 할 수 없으므로, 어느 정도 상대방을 신경 쓸 필요가 있는 것은 분명하다. 그런데 생각해보자. 노력한들 정말로 '저 사람이 무슨 생각을 하고 있는지' 읽을 수 있을까?

그것은 '의미 없는 감시'다

심리 분석 등 전문적인 훈련을 받은 사람이 아니라면 목소리나 표정, 몸짓 등에서 상대방의 감정을 올바르게 읽어내기는 불가능하다. 아무리 상대의 안색을 살피려 한들 결국 '읽을 수 없다'면 그것은 '의미 없는 감시'라고밖에 표현할 길이 없다. 그런 일에 지나치게 신경을 쓰면 자신만 피곤해질 뿐이다.

게다가 상대의 안색만 살피다 보면 '이런 말을 하면 바보 취급을 당할지도 몰라' '이런 말을 하면 나를 싫어하지는 않을까?' 같은 불안감에 자신이 하고 싶은 말을 하지 못하게 된다. 200명이 넘는 커플을 조사한 미국 샬럿 퀸스 대학의 멜린다 하퍼Melinda Harper 교수는 "하고 싶은 말이 있어도 하지 않고 꾹 참으면 자신의 내부에 불만이 쌓일 뿐만 아니라 상대방에게도 불만이 고스란히 전해진다"고 지적했다. 요컨대 하고 싶은 말이 있는데 입을 다물면 상대도 짜증을 느끼게 되는 것이다.

아무리 미움을 사지 않으려고 노력해도 미움을 받을 때는 받게 된다. 반대로 별다른 노력을 하지 않았는데 호감을 살 때도 있다. 그러니 하고 싶은 말이 있는데 억지로 참는 것은 적당히 하자.

지금까지 이것저것 너무 신경을 써왔던 사람은 이제부터 자신의 생각을 적극적으로 입 밖에 내보기를 바란다. 그랬다가 상대가 불쾌하게 생각하거나 상처를 받는 경우가 있을지도 모르지만, 그럴 때는 "미안해"라고 진심으로 사과하면 된다.

그렇게 표현하며 살아가는 것이 훨씬 더 마음을 개운하게 만든다.

✡ '하고 싶은 말'을 참으면
상대에게도 짜증이 전염된다.

좋은 사람보다
나르시시스트가 되자

스스로를 너무나 사랑한 나머지 자신만을 애지중지하는 사람
을 나르시시스트라고 부른다.

이에 대한 사회의 평판은 그다지 좋지 못하다.

'자기애가 강한 사람' '타인을 배려할 줄 모르는 사람' '타인
의 아픔을 이해하지 못하는 사람' 등 대체로 긍정적이지 못한
평가를 받는다.

그런데 사실은 나르시시스트가 보통 사람보다 덜 신경질적이
고, 인생을 좀 더 즐겁게 느끼면서 산다는 사실이 심리학 실험
을 통해서 밝혀졌다.

영국 사우샘프턴 대학의 콘스탄틴 세디키데스Costantine Sedikides

교수는 "나르시시스트일수록 심리적으로 건강하다"라는 내용
의 논문을 발표했다. 세디키데스에 따르면 나르시시즘(자아도
취, 자기애)은 슬픔이나 우울감을 완화시키며 일상의 고독감이
나 불안감을 잘 느끼지 못하도록 만들어준다. 게다가 신경질적
이 되지 않게 해주며 주관적 건강도(본인이 '나는 건강해!'라고
느끼는 정도)를 높여준다.

'너는 너, 나는 나'라는 심리

요컨대 나르시시스트는 긍정적으로 표현하면 '너는 너, 나는
나'라는 마음가짐으로 살고 있는 까닭에 친구가 없어도 술자리
에 초대받지 못해도 딱히 신경 쓰지 않으며 고독감을 느끼는
일도 적다는 것이다.

또한 아무런 근거도 없이 '내 미래는 틀림없이 밝을 거야!'라
고 믿는 측면이 있어서 인생에 대해 굉장히 낙관적이다. 덕분에
불안감도 별로 느끼지 않으며 초조함과도 인연이 없고 어떤 일
로 끙끙대며 고민하지도 않는 것이다.

이렇게 보면 조금 부럽기까지 하다.

작은 일도 신경이 쓰여서 견디지 못하는 사람은 마음속 깊은 곳에서 자신을 싫어하는지도 모른다. 그러나 그런 식으로 살기에 인생은 너무도 아깝다. 지금까지 조금 경박하고 자아도취에 빠진 사람을 보면서 내심 불쾌감을 느꼈던 사람이라면, 이제부터는 자신도 약간은 나르시시스트가 되도록 허락해주면 어떨까? 조금만 나르시시스트가 된다면 그전까지 끙끙 고민했던 사소한 일 따위 '아무래도 상관없잖아?'라고 생각할 수 있게 될 것이다.

수첩에 '이것'을 적어두기만 해도…

그렇다면 어떻게 해야 나르시시스트가 될 수 있을까? 이를 위해서는 '자신의 좋은 점'을 종이에 적어보기를 바란다.

10개 정도로는 부족하다.

그렇다. 100개를 목표로 번호를 붙여서 적어보기 바란다.

그리고 종이에 적은 '자신의 좋은 점'을 소리내 읽어보자.

'그런 게 정말 효과가 있을까?'라고 생각하는 사람일수록 꼭 시험해보기를 바란다. 단순한 작업 같지만 하다 보면 점점 재미있어져서 자신을 더욱 좋아하게 된다.

또한 '오늘의 나는 이렇게 대단했어!'라는 내용을 일기장이나 수첩에 메모하는 것도 좋은 아이디어다. 반성 따위는 적지 않아도 된다. 일단 '자신의 좋았던 점'만 매일 적어나간다.

이렇게만 해도 자신의 이미지가 크게 달라진다.

� 조금은 경박해져도 괜찮다!
'자신의 좋은 점'에 주목해본다.

사랑의 두근거림을
이용한다

매일 즐겁고 밝게 살기 위해서는 '사랑을 하는 것'도 좋은 방법이다.

사람은 보통 상반되는 감정을 동시에 품지 못한다. 불안이나 긴장, 후회 같은 '부정적인 감정'과 행복감이나 상쾌함 같은 '긍정적인 감정'을 동시에 가지지 못한다는 말이다.

사랑을 하면 누구나 즐거운 상태가 되어 낙관적이고 밝은 생각만 머릿속에 떠오른다. 부정적인 생각을 하지 않게 되는 것이다. 자기계발서 등을 보면 긍정적 사고의 효능 같은 것이 적혀 있는데, 굳이 특별한 노력을 해서 억지로 밝은 생각을 하려고 애쓰지 않아도 사랑을 하면 자동으로 무의식 중에 무자각적으로 밝은 생각만 하게 된다.

'섹슈얼 힐링 효과'가 마음을 낙관적으로 만든다

영국 셰필드 할람 대학의 존 말트비John Maltby 교수는 18세부터 52세의 남녀를 대상으로 조사를 실시해, 연애를 하는 사람일수록 우울적 성격이 되지 않음을 밝혀냈다. 특히 남성에게서 이러한 경향이 두드러졌다.

이를 흉내내서 만나는 모든 사람을 좋아해보자. 자주 가는 카페의 점원, 출퇴근 도중에 지나치는 이성, 헬스클럽의 트레이너, 미용실의 점원, 직장의 안내 데스크 직원 등 만나는 사람 모두에게 연심을 품는 것이다. 자신은 이미 결혼을 했다든가 연인이 있다든가 하는 것은 일단 제쳐놓고, 어쨌든 '은밀한 연심'을 품자. 실제로 고백한다든가 유혹하라는 말이 아니다(기혼자의 경우 실제로 유혹을 하면 또 다른 문제가 발생한다고나 할까, 고민이 더욱 늘어날 것이다). 그저 '일방적으로 사랑하기만' 하면 된다.

사람은 누군가 좋아하는 사람이 생기면 그것만으로도 기분이 즐거워지며 사고방식도 자연스럽게 낙관적이 된다. 또한 사랑을 하면 면역 시스템 등도 활성화되기 때문에 감기에 걸리거나 피로를 느끼는 일이 줄어드는 효과도 있다.

이스라엘 인터디시플리너리 센터IDC의 사이 아인-도르Tsachi Ein-Dor 심리학 박사에 따르면 남성이든 여성이든 이성과 포옹하거나 키스하거나 섹스를 하면 스트레스가 크게 줄어든다고 한다. 이것을 '섹슈얼 힐링 효과'라고 부른다.

뭐, 그렇게까지는 하지 않더라도 사랑을 하면 행복한 기분이 될 수 있으며, 짜증나는 생각이 머릿속에 떠오르지 않게 된다.

✡ '섹슈얼 힐링 효과'를
효과적으로 활용해본다.

필요 이상으로
반성하지 않는다

공자孔子의 제자였던 증자曾子는 하루 세 번 반성하는 것을 신조
로 삼았다고 한다. 이것을 '삼성三省'이라고 한다. 상당히 훌륭한
사람이었던 모양이다.

분명 '자신을 되돌아보고 반성하는 것'은 사람에게 중요한 일
이다. 그러나 반성만 계속하면 기분이 크게 가라앉고 자아존중
감도 저하된다는 사실은 심리학의 실험을 통해서 밝혀졌다.

무슨 일이든 '적당히'가 중요하다는 의미일 것이다.

네덜란드 에라스무스 대학의 피터 무리스Peter Muris 교수에 따
르면, 과거의 일만 생각하는 사람은 신경질적이 되기 쉽고 불안
감도 커지며 우울적 성격이 된다고 한다. '이미 일어나버린 일'

은 누구도 바꿀 수 없으므로, 충분히 반성했다면 이후에는 마음에 담아두지 않는 것이 중요하다.

'미래의 계획'으로 만회하면 된다

'바꿀 수 없는 일'로 고민할 바에는 '내일은 뭘 할까?' '주말에는 누구하고 놀까?'를 생각하는 편이 훨씬 건설적이다. 미래는 과거와 달리 얼마든지 자신의 생각대로 만들 수 있기 때문이다.

직장에서 실수를 했을 때도 마찬가지다. 예를 들어 약속했던 서류를 가져가야 하는데 깜빡했다면 '하아, 나는 왜 이 모양일까…'라고 생각하며 계속 우울해하지 말고 이렇게 해보자.

'다음부터는 어떤 서류가 필요한지 수첩에 빨간색 볼펜으로 적어놓자.'

'전날까지 반드시 준비를 다 해놓자. 일정표에도 적어놓고.'

이런 식으로 '미래의 계획'을 세우는 데 에너지를 사용하는 것이다.

'자신의 힘으로 바꿀 수 없는 일'을 계속 고민하지 않는다.

돈으로 살 수 있는
행복도 많다

"부자는 싸우지 않는다"라는 말이 있다. 이것은 '돈이 많으면 심리적 여유가 생긴다'라는 의미다. 사람은 돈이 있으면 어느 정도는 자신감을 갖기 때문에 다소의 일에는 동요하지 않게 된다. 돈은 '감정을 뒤에서 지탱해주는 기능'을 지니고 있다고 보면 된다.

미국 리처드 스톡턴 칼리지의 마르셀로 스피넬라Marcello Spinel-la 교수는 뉴저지 주의 어느 지역 주민을 대상으로 그들의 수입을 물어본 뒤 심리 테스트를 실시했다. 그랬더니 수입이 높을수록 부정적인 기분이 되는 일이 적으며 긴장하거나 불안해지는 일이 적었다고 한다. 스피넬라의 논문 제목은 '행복은 돈으로

살 수 있는가?'였는데, 이 조사에 따르면 '살 수 있다'라고 말할
수 있다.

어지간한 것은 '그래?' 하고 받아넘기는 심리

도쿄 대학교를 나온 내 친구의 경우 과거 재수생 신분일 때, 누
군가로부터 "넌 바보야"라는 소리를 들은 적이 있다. 곁에 있던
나는 깜짝 놀랐지만 그 친구는 그렇게 화를 내지 않았다. 평생
에 걸쳐 자신이 머리가 좋다는 것을 이미 알고 있었기에 바보
라는 말에 큰 의미를 두지 않았기 때문이다.

마찬가지로 부자도 다른 사람이 뭐라고 하든, 예를 들어 "넌
왜 이렇게 못생겼냐?" "옷 진짜 못 입네" 같은 말을 들어도 그
것이 자신이 살아가는 데 중요하지 않다는 것을 알기에 "어, 그
래?" 하고 받아넘기는 힘이 생긴다.

만약 여러분이 사소한 문제로 끙끙 앓으며 하루하루를 보내
고 있다면, 일단 눈앞의 일에 전력을 기울이기를 바란다. 급여
나 지위를 높이려고 노력하는 것도 좋다. 돈을 열심히 벌면 마
음가짐이 달라진다.

우리의 고민 중 대부분은 돈으로 해결할 수 있기 때문이다.

왜 건달은 지갑 가득히 지폐를 넣고 다닐까?

지금 그다지 돈과 인연이 없는 독자라면, 일단 지갑에 최대한 지폐를 많이 넣어서 빵빵하게 만들어두자. 만 원짜리 지폐를 많이 넣기가 어렵다면 천 원짜리라도 상관없다.

돈을 많이 가지고 다니면 '나는 이렇게 많은 돈을 갖고 있어'라는 자부심이 높아져서 당당해질 수 있다.

지갑 속에 천 원짜리 한 장과 잔돈밖에 들어 있지 않다면 심리적인 여유가 생기지 않는다. 그러나 많은 돈을 가지고 다니면 어째서인지 자신이 대단한 사람이 된 것처럼 느껴진다. 건달들은 이런 심리 효과를 알고 있기 때문에 항상 지갑에 돈을 빵빵하게 채워 넣고 다니는 것이다.

단, 많은 돈을 갖고 다닌다고 해서 물 쓰듯이 쓰지 않도록 주의하자.

✿ '돈을 많이 갖고 다니는 것'의
심리 효과를 활용한다.

부정적인 감정을
퍼뜨리지 않는다

여러분의 주위에는 어딘가 모르게 '부정적인 아우라'를 발산하는 사람이 있지 않은가? 그 사람의 주위만 분위기가 어두워지는 느낌을 주는 사람 말이다. 가령 인사를 해도 대꾸가 없고 설령 있더라도 목소리에 기운이 없는 사람이 있다.

그런 음울한 분위기를 자아내는 사람이 있다면 은근슬쩍 멀리 떨어지기를 바란다. 사람의 심리는 함께 있는 타인의 영향을 받는다. 음울한 분위기를 발산하는 사람의 곁에 있으면 자신의 마음도 이유 없이 가라앉는다.

"군자는 위험한 곳에 가까이 가지 않는다"라는 말이 있는데 '지금 기분이 별로 좋지 않네'라는 생각이 들 때는 특히 가급적 그런 사람의 곁에 가지 않도록 하자.

'감정 전염 효과'는 플러스 방향으로 활용한다

반대로 언제나 낙관적이고 부정적인 말을 절대 입 밖에 내지 않으며 생기가 넘치고, 밝은 목소리로 말하는 사람과 함께 있으면 어떻게 될까? 틀림없이 자연스럽게 밝은 기분이 될 것이다.

이것을 심리학에서는 '감정 전염 효과'라고 부른다.

생글생글 웃으며 즐거운 표정을 짓는 사람을 보면 이쪽도 행복한 기분이 되며, 반대로 풀이 죽은 사람과 함께 있으면 이쪽도 기분이 우울해지기 마련이다.

미국 텍사스 대학의 토머스 조이너Thomas Joiner 교수는 대학 기숙사에서 실시한 조사를 통해 명랑한 사람이라도 음울한 성격의 룸메이트와 함께 생활하면 5주 후에는 음울한 사람이 되어버림을 밝혀냈다.

'인간의 심리 상태'도 감기와 마찬가지로 전염되는 것이다. 음울한 사람과는 적당히 거리를 둬서 인사만 하고 지나간다거나 사무적인 연락 이상은 하지 않는 것이 무난할지도 모른다.

자신을 보호하기 위한 '거리 두는 방법'

행동을 같이하는 상대로는 모임이나 직장에서 최고의 분위기 메이커, 익살꾼, 인기인을 고르자. 그런 사람과는 점심시간에도 함께 밥을 먹는 편이 좋고 회식 때도 근처에 앉는 편이 좋다.

여러 구단에서 프로야구 감독을 역임했던 호시노 센이치星野仙一는 경기에서 투수가 대량 실점을 하면 다음 날에는 그 투수에게 혼자 러닝을 하게 함으로써 다른 선수들과 격리시켰다고 한다(호시노 센이치 지음,《망설여질 때는 앞으로 나가라!迷ったときは前に出ろ!》, 세이시사). 대량 실점을 한 투수의 '침울한 분위기'를 다른 선수에게 감염시키지 않기 위한 조치였을 것이다. 이것은 심리학적으로 봐도 옳은 방법이다.

음울한 사람을 홀로 내버려두면 불쌍하니 '나라도 말을 걸어주자'라고 생각하는 것은 훌륭한 마음가짐이라고 할 수 있을지도 모른다. 다만 그럴 때는 그 사람의 음울한 분위기에 지지 않을 정도의 밝은 분위기로 말을 거는 것을 잊지 말아야 한다.

✡ 타인의 '침울한 분위기'에
전염되지 않는다.

미운 사람에게는
로봇처럼 대해본다

"나이토 선생님에게도 거북한 상대, 싫은 사람이 있나요?"

나는 '대인 심리학'이라는 분야가 전문이다 보니 이따금 이런 질문을 받는다. 솔직히 말하면 내게도 거북한 상대나 가급적 가까이 하고 싶지 않은 사람이 있다. 이렇듯 '좋다, 싫다의 감정'은 누구에게나 있기 마련이지만, 설령 이 사람과는 궁합이 맞지 않는다든가 주는 것 없이 밉다고 생각해도 그것을 '신경 쓰지 않고' 살기는 가능하다.

그 방법은 '로봇이 되는 것'이다. 사람 대 사람으로 상대하는 것이 아니라 자신이 로봇이 되었다는 생각으로 상대를 대하면 된다.

이 방법은 극적인 효과를 발휘한다.

참고로 이것은 나의 독자적인 테크닉이 아니라 지미 칼라노 Jimmy Calano와 제프 살즈만Jeff Salzman이 쓴《Real World 101》이라 는 책에 소개된 방법이다.

자신의 내부에 '로봇 모드'를 만든다

최근에는 일상생활 속에서 로봇을 보는 일이 늘어났다. 안내 데 스크에 "원하는 부서를 말씀해주십시오"라고 물어보는 로봇을 배치한 회사도 있고, 일반 가정에서도 청소용 로봇이 활약하고 있다. 또한 사람을 돌보는 로봇 등도 실용화되고 있다.

로봇은 상대가 누구든 전혀 신경 쓰지 않고 모든 사람을 동 등하게 대한다. 바로 그런 로봇이 되어보는 것이다. '인간 대 인 간'으로 관계를 맺으려 하니까 피곤해지는 것이다. '로봇 대 인 간'이라면 아무런 고통을 느끼지 않게 된다.

'정말 상대하기 껄끄러운 유형인데…'라는 생각이 들 때는 자 신의 내부에서 스위치를 로봇 모드로 전환해보자. 기계적으로 웃고 즐거운 목소리를 내고 상대가 즐거워할 만한 농담을 하는 로봇이 되는 것이다.

이 방법은 정말 깜짝 놀랄 만큼 효과가 있다. 어쨌든 정신적으로 피곤해지지 않을 수 있다. 나는 연간 20~30회 정도 강연회에서 이야기를 하는데 그때도 이 '로봇 모드'를 사용한다. 미리 준비해서 머릿속에 넣어놓은 원고를 읽을 뿐인 '세미나 강연 로봇'이 되는 것이다. 세미나 참가자들을 웃기는 타이밍도 매번 똑같다(웃음).

로봇은 사람들 앞에서 창피를 당하든 말든 신경 쓰지 않는다. 부끄러움을 많이 타는 나로서는 매우 소중히 여기는 편리한 테크닉이다.

✵ 로봇이 되면
'사람들 앞에서 창피를 당하는 것'도
신경 쓰지 않게 된다.

효율적으로 휴식하면
마음은 유연하고 강해진다

이 책에서는 '마음의 고민'을 해결하는 방법을 가르쳐주지만 아무리 애를 써도 '어찌할 도리가 없을 때'는 있기 마련이다. 그럴 때는 발버둥 치면 칠수록 상황이 더욱 악화된다. 그러므로 뭘 하려고 하지 말고 '드러누워 버리는 것'이 최선이다.

독자 여러분은 '오버워크 증후군'이라는 말을 아는가? 스포츠 심리학 용어인데, 철인 삼종 경기나 마라톤 선수가 가혹한 훈련을 할수록 빠르게 기록이 악화되는 상태를 가리킨다. 그다지 알려져 있지 않은 사실인데, 사람의 근육은 '훈련하는 중'에 강해지는 것이 아니라 훈련 후에 쉴 때 상처 입은 근육이 회복되면서 강화된다. 그러므로 근육을 강화하기 위해서는 충분한 휴식을 취하는 것이 절대적으로 중요하다. 그럼에도 마음만 앞서서 쉬지 않고 훈련을 계속하면 상태가 더욱 악화되는 것이다.

마음도 마찬가지라 '의지력'을 단련하려고 폭포수를 계속 맞거나 작업이 괴롭다고 느끼면서도 쉬지 않고 일하면 오버워크 증후군에 걸려버린다. '무엇이든 지나치게 노력하는 것'이 우울증에 걸리는 사람의 특징인데, 우울증에 걸렸거나 걸릴 것 같을 때는 반드시 휴식을 취해야 한다. 휴가를 조금 길게 신청한다고 해서 자신의 책상이 사라지거나 하지는 않을 것이다.

조금 쉰다고 인생의 낙오자가 되지는 않는다.

사실 자세히 살펴보면 세상 사람 모두가 여러분에게 '필사적으로 노력할 것'을 요구하지는 않는다. 또한 설령 요구하더라도 거부하자.

기분이 우울할 때 '기분 전환이라도 하자'라며 새로운 일을 시작하려는 사람이 있는데, 이것은 그다지 좋은 방법이 아니다. 정신적으로나 육체적으로 완전히 지친 상태에서 마라톤이나 근육 트레이닝을 시작하거나 그림 혹은 음악 학원에 다니기 시작하는 사람도 있는데, 오히려 기진맥진해질 뿐이다. 새로운 일은 좀 더 기분이 좋을 때 시작하는 것이 좋다. 지쳤을 때는 아무것도 하지 말고 느긋하게 쉬는 것이 최고다. 뜨거운 욕탕에 들어갔다 나와 충분히 수면을 취해보자.

미국 캘리포니아 주립 대학의 로버트 다이어Robert E. Thayer 교수는 16세부터 89세까지의 약 300명을 대상으로 "불쾌한 기분을 날려버리고 에너지를 되찾는 데 가장 좋은 방법은 무엇입니까?"라는 설문 조사를 실시한 결과 '자는 것'이 마음의 에너지를 회복하는 데 상당히 효과적인 방법임을 알게 되었다. 참고로 다이어의 조사에서는 '텔레비전을 본다' '쇼핑을 한다' '여행을 간다'가 정신적인 피로를 푸는 데 그다지 효과적이 아니라는 결과가 나왔다.

어떤 활동을 해서 기분을 달래려 하기보다 '빨리 자는 편'이 나은 것이다.

PART

2

때로는
현명한 체념도
필요하다

지나친 생각으로 문제를 악화시키지 않는다

가슴을 펴기만 해도
이렇게나 달라진다

'심리적인 분위기'라는 것은 의외로 '어떤 자세를 취하고 있는가?'에 큰 영향을 받는다. 구부정한 자세로 손을 주머니에 넣고 발을 질질 끌면서, 터벅터벅 10미터 정도를 걸어보면 누구라도 기분이 가라앉는다.

'어떤 일에도 신경 쓰지 않는 마음'으로 있기 위해서는 '자세'가 중요하다.

사소한 일로 끙끙 앓지 않는 사람은 사실 자세가 매우 좋다. 자세가 좋으니까 심리적인 분위기도 고양되는 것이다.

'나도 모르게 비관적인 생각만 머리에 떠올라.'

'밝은 미래를 떠올릴 수 없어서 괴로워.'

이런 생각이 자주 드는 사람은 아마도 자세가 좋지 않을 것이다. 자세가 나쁘니까 비관적이 되고 미래에 대한 희망을 품지 못하게 되는 것이다.

'파워 포즈'로 마음에 활기를 주입한다

누구나 도저히 의욕이 솟지 않을 때나 우울한 기분일 때가 있기 마련이다. '이래서는 안 돼!'라고 아무리 자신을 질타해도 도저히 의욕이 나지 않는다. 집중하려 해도 전혀 일이 손에 잡히지 않는다. 그럴 때는 어떻게 해야 할까?

의욕이 전혀 솟지 않지만 중요한 손님을 만나야 하거나 반드시 끝내야 하는 업무가 있는 상황일 때 알아두면 도움이 되는, '자신에게 활기를 주입하는 테크닉'을 소개한다.

딱 1분이면 활력이 솟아난다

먼저, 즉시 활력을 높이고 싶을 때 효과적인 방법은 '파워 포즈'다. 문자 그대로 마음에 파워를 주입하기 위한 자세다.

구체적으로는 다리를 약간 벌리고 양팔을 크게 펼치면서 위로 올린다. 만세를 부를 때와 같은 자세를 취하는 것이다. 그리고 그 자세를 1분 동안 유지한다. 팔이 조금 뻐근할지도 모르지만 1분 후에 팔을 내렸을 때는 마음에 파워가 쌓인다.

이 방법을 제창한 미국 캘리포니아 대학의 다나 카니Dana Carney 교수의 실험에 따르면, 이 포즈를 1분 동안 취한 사람은 테스토스테론의 수치가 상승했다고 한다. 테스토스테론이란, 남성 호르몬의 일종으로 사람을 적극적으로 만들고 의욕과 활력을 끌어내는 작용을 한다.

마음이 꺾일 것 같을 때나 비관적이 될 것 같을 때는 즉시 양팔을 들어 올려서 파워 포즈를 취해보자. 그전까지 '아아, 난 이제 끝났어…' 같은 생각만 하던 사람도 '괜찮아. 어떻게든 될 거야'라는 마음을 되찾을 수 있을 것이다.

다른 이들 앞에서 느닷없이 양팔을 들어 올리거나 하면 위험한 사람으로 의심받을지도 모르니 파워 포즈를 취할 때는 화장실 등 편하게 있을 수 있는 곳을 추천한다. 주위에 사람이 없다면 비상계단이나 휴게실 같은 장소도 좋다. 안심할 수 있는 곳에서 1분 동안 파워 포즈를 취하면 아무리 곤란한 상황이라 해도 '괜찮아. 어떻게든 될 거야'라고 생각하며 견딜 수 있다.

파워 포즈는 지금부터 업무를 시작하려 할 때, 자신에게 활기를 불어넣고 싶을 때도 효과적이다. 나도 파워 포즈와는 조금 다르지만 기운이 없는 날 활기를 불어넣을 때는 양팔을 올리고 빙글빙글 돌리는 동작을 즐겨 사용한다.

독자 여러분도 꼭 시험해보기를 바란다.

☆ 마음에 '활기를 불어넣는 법'은
의외로 간단하다.

몸을 움직이면
기분도 상쾌해진다!

'쉽게 낙담하는 사람'에게는 특징이 있다. 몸을 별로 움직이지 않는 것이다. 이런 유형은 사소한 일로 끙끙 앓을 때가 많다.

그렇다면 해결책은 무엇일까? 간단하다. 매일 운동하는 습관을 들이는 것이다. "건전한 육체에 건전한 정신이 깃든다"라는 말처럼 작은 일에 고민하지 않게 된다.

캐나다 브리티시 콜롬비아 대학의 그랜트 아이버슨Grant Iverson 교수는 다양한 연령을 가진 자원봉사자의 협력을 얻어 하루에 얼마나 몸을 움직이고 있는지 조사하는 한편, 우울의 정도를 측정하는 심리 테스트를 받게 했다. 그랬더니 45세 이하에서는 운동하는 사람에 비해 운동하지 않는 사람이 7.4배나 우울증에 걸리기 쉬움을 알게 되었다. 55세 이하 여성의 경우는 무려 15.7배나 우울증에 걸리기 쉬웠다고 하는데, 그 이유는 여성이 남성에 비해 그다지 몸을 움직이지 않기 때문이었다.

하루 10분 운동의 무시할 수 없는 효과

"바빠서 헬스클럽에 다닐 시간이 없어."

이런 말을 하는 사람도 많을 것이다. 하지만 반드시 헬스클럽에 다니거나 본격적으로 운동을 할 필요는 없다. 매일의 운동은 10분으로 충분하다. 간단한 근육 트레이닝이나 가벼운 조깅이라면 아무리 시간이 없어도 할 수 있다.

만약 하루 중 10분도 시간을 낼 수 없다면 그것은 시간이 없는 것이 아니라 할 마음이 없는 것이다.

어느 정도의 시간 동안 운동을 하면 마음에 활기가 생기는지도 이미 미국 노던 애리조나 대학의 셰릴 한센Cheryl Hansen 교수가 조사했다. 한센은 바닥에 누워 천장을 바라보고 두 다리를 들어 올려 하늘에서 자전거를 타듯이 다리를 저어주는 하늘자전거 운동으로 실험했다. 운동을 시작한 지 10분 뒤, 20분 뒤, 30분 뒤의 '활력의 고양(피로, 긴장, 우울감의 감소)'을 조사했는데, 10분 동안의 운동으로 충분했으며 20분 이상을 해도 활력은 그 이상 생기지 않음이 밝혀졌다. 따라서 매일의 운동은 10분이면 OK!

그래도 도저히 시간을 낼 수 없다면 하루의 활동 속에 운동을 도입해보자. 엘리베이터나 에스컬레이터 대신 계단을 이용하거나 한 정거장 정도는 가급적 걷도록 하는 것이다. 그런 식으로 일상의 활동 속에 운동을 적절히 섞는 것도 좋은 방법이다.

매일의 생활 속에
적절히 운동을 도입한다.

일과 전혀 상관없는
인맥을 넓힌다

친구가 많고 다양한 인맥을 보유하고 있는 사람일수록 스트레스를 별로 느끼지 않는다. 곤란한 일이나 고민이 있어도 친구들에게 불평을 하거나 상담을 할 수 있으므로 스트레스가 쌓이지 않는 것이다. 친구가 적은 사람이라면 예를 들어 고민거리를 종이에 적어보는 등의 방법으로 스트레스를 처리할 수 있을지도 모르지만, 일상의 평범한 대화 속에서 스트레스를 발산하는 편이 훨씬 쉽고 효율도 좋다.

그렇다면 어떻게 해야 쉽게 친구를 늘릴 수 있을까? 이를테면 스포츠 팀에 참가하는 것도 한 가지 방법이다. 여러분이 사는 지역에도 축구나 야구, 배구, 배드민턴, 소프트볼, 풋살 등 다양한 스포츠 팀이 신규 멤버를 모집하고 있을 것이다. 그런 곳에 가입하면 손쉽게 지인을 늘릴 수 있다.

자신과 접점이 전혀 없는 업계에서 일하는 사람이나 업종이 전혀 다른 사람과 알게 되면 자신의 세계도 넓어지며 업무의 측면에서도 새로운 시점을 갖게 되는 기회가 생긴다.

세계가 넓어지면 마음도 넓어진다

미국 빌라노바 대학의 마이클 메이슨Michael Mason 교수는 정기 검진을 받으러 온 사람에게 실시한 설문 조사를 바탕으로 스포츠 팀에 가입한 사람일수록 우울증에 걸릴 가능성이 낮다는 사실을 밝혀냈다. 스포츠의 종류는 무엇이든 상관이 없으며, 팀 스포츠에 가입한 사람일수록 우울증에 잘 걸리지 않는다고 한다. 아마도 동료와 함께 땀을 흘림으로써 스트레스를 적절히 발산할 수 있기 때문이리라.

스포츠 팀에 가입하면 운동 습관도 몸에 배고 지인도 늘어나니 일석이조다. 지금까지 느꼈던 스트레스를 크게 줄일 수 있는 기회다.

만약 스포츠는 도저히 적성에 맞지 않는다면 다른 종류의 모임에 가입하는 것도 좋은 방법이다. 오카리나, 기타, 만돌린을 배우는 단체 등 찾아보면 다양한 모임이 많다. 일단 체험 강좌를 들어보는 것부터 시작하자.

집과 회사를 왕복하기만 해서는 그다지 기분 전환이 되지 않는다. 인생을 풍요롭게 만든다는 의미에서도 새로운 모임에 참가해 지인을 많이 늘려보기 바란다. 아는 사람들이 늘어날수록 인생도 즐거워질 것이며 스트레스도 덜 받게 될 것이다.

✡ 지인을 늘릴수록
인생은 즐겁고 풍요로워진다.

기분이
좋은 척해본다

즐거운 일이 있든 없든 항상 싱글싱글 웃어보자. 즉, 기분이 좋은 '척'을 하라는 말이다.

사람의 뇌는 얼굴이 짓는 표정에 영향을 받는다. 기분 좋은 표정을 짓고 있으면 뇌는 '나는 지금 기분이 즐겁구나'라고 착각해서 도파민 등의 '쾌감'을 관장하는 신경전달물질을 분비하며, 그 결과 정말로 즐거워진다. 이것을 심리학에서는 '안면 피드백 효과'라고 부른다.

'즐거운 일이 있다면 얼마든지 웃을 텐데…'가 아니다. 웃으면 즐거워지는 것이다. 이 순서를 착각하지 않도록 하자.

즐거운 일이 있든 없든 시종일관 기분이 좋은 듯 싱글싱글 웃어보자. 그러면 마음이 밝아져서 쾌활하게 살 수 있게 된다.

'방긋 웃은 1분 뒤'에는 마음이 이완된다

이것은 심리학자의 실험을 통해서도 확인되었다. 미국 일리노이 대학의 마야 타미르Maya Tamir 교수는 얼굴에 웃음을 띠면 불과 1분 후에 마음이 이완되고 즐거움을 느끼기 시작한다는 사실을 밝혀냈다. 사교적인 웃음이든 거짓 웃음이든 불과 1분 만에 '즉각적인 효과'를 얻을 수 있다.

또한 타미르는 얼굴을 찡그리면 기분이 부정적이 된다는 사실도 밝혀냈다. 그러므로 가급적 불쾌한 표정을 짓지 않는 것도 중요하다.

매일 명랑하게 살면 작은 일에 짜증을 내는 일도 줄어든다. 마음이 즐거우면 다소간의 일은 웃으면서 넘어갈 수 있게 되는 것이다. 예를 들어 상대가 약속 시간에 늦었다고 가정하자. 그럴 때 마음에 여유가 없는 사람은 짜증을 낸다.

'나를 무시하는 거 아냐?'

'나를 중요하게 생각하지 않는 것 같아.'

이런 생각을 하면 분노가 더욱 커진다.

그런데 웃고 있거나 기분이 좋으면 상대가 조금 지각을 하더라도 '뭐 사람이 살다 보면 그럴 때도 있지'라며 가볍게 넘어갈 수 있다. 화도 그렇게 나지 않는다.

만원 지하철의 스트레스를 극적으로 줄이는 방법

아침 출근 시간에 만원 지하철을 타는 것은 누구에게나 불쾌한 일이다. 그러나 미간을 찌푸리지 않고 반대로 눈가에 웃음을 지을 수 있게 되면, 만원 지하철에서 느끼는 불쾌감도 상당히 줄일 수 있다.

미간을 찌푸리고 있으면 '정말 아침부터 재수가 없으려니…'라는 생각만 든다. 그러나 웃는 얼굴로 있으면 '어렸을 때 친구들하고 밀어내기 놀이를 하던 게 생각나네. 왠지 즐거운걸?'이라고 생각할 수 있게 되는 것이다.

🌟 일단 웃자.
속는 셈 치고 실천해보자!

스트레스에 대해
마음의 준비를 해둔다

신기하게도 '미래의 어느 시점에 스트레스를 받을 것'을 미리 예상하고 있으면 사람의 마음은 이를 잘 견뎌낸다. 반대로 예고도 없이 갑자기 스트레스에 노출되면 마음은 깜짝 놀라며 금방 지쳐버린다. 그러므로 스트레스에 대해 미리 '마음의 준비'를 해두면 좋다.

'스트레스는 있는 것이 당연하지'라고 생각하면 스트레스를 느끼지 않는다. 예를 들어 이미 본 적이 있는 공포 영화를 다시 보면 '다음에 이런 무서운 장면이 나왔지?'라고 예상할 수 있으므로 덜 무서운 것과 마찬가지다.

'인생은 원래 그런 것'이라는 마음가짐

예를 들어 매주 금요일마다 업무량이 늘어난다면 '뭐, 이번 주 금요일도 힘들겠군'이라고 각오해두면 된다. 그러면 막상 금요일이 되어서 살인적으로 바쁘더라도 '역시 예상대로네'라며 가볍게 받아넘길 수 있다.

금요일에 스트레스가 커질 것을 알고 있다면 목요일에 술을 마시지 않고 일찍 잔다든가 금요일 아침에 영양가가 높은 음식을 먹는 등 다양한 조치를 취할 수 있으며, 그러면 스트레스를 더욱 줄일 수 있다.

재미있는 심리 실험이 있다. 미국 듀크 대학의 앤드루 카튼 Andrew Carton 교수는 학생 70명에게 어떤 기사를 읽고 'a'로 시작되는 단어를 찾아서 그 단어에 동그라미를 치는 작업을 12분 동안 시켰다. 그리고 작업 중에 감독이 갑자기 말을 거는 등 방해를 했는데, 학생 중 절반에게는 그 사실을 미리 알렸고 나머지 절반에게는 알리지 않았다. 과연 두 그룹이 최종적으로 12분 동안 찾아낸 단어 수는 어떠했을까?

방해를 받을 것을 미리 알고 있던 그룹은 평균 144.11단어를 찾아낸 데 비해 몰랐던 그룹은 125.84단어를 찾아내는 데 그쳤다.

이 데이터는 스트레스를 받을 것을 사전에 알고 있으면 그다지 스트레스를 느끼지 않고 작업에 집중할 수 있다는 사실을 보여준다.

'근무 중에는 상사나 선배가 말을 거는 등 방해가 들어오기 마련이다'라고 생각하면 누군가가 말을 걸 때마다 짜증을 낼 일도 없을 것이다.

'근무 중에는 고객에게 전화가 와서 작업이 중단되기 마련이다'라고 생각하면 가시 돋친 목소리로 전화를 받지 않게 된다.

'스트레스는 언제나 있는 법'이라고 생각하는 편이 정신적인 피로를 막을 수 있다.

✵ '스트레스는 늘 있는 것'이라고 달관하면
마음이 피로해지지 않는다.

타인의 선의를
기대하지 않는다

가마쿠라 시대에 활동한 승려인 신란親鸞의 가르침 중에는 "마음은 사갈蛇蝎과 같으니라"라는 말이 있다. 이는 '인간의 마음속에는 뱀이나 전갈 같은 것이 살고 있다. 그것이 인간의 본성이다'라는 의미이며, 사람이 그런 존재라 해도 사랑하고 인정해주자는 것이 그의 사상이다.

과연 이렇게 생각하면 설령 누군가에게 괴롭힘을 당하거나 불친절한 대우를 받더라도 그다지 화가 나지 않게 된다.

로마 황제에게 배우는 대인관계의 비결

로마제국의 16대 황제이며 후기 스토아파의 철학자인 마르쿠스 아우렐리우스Marcus Aurelius Antoninus는 《명상록》에서 이런 말을 했다.

타인의 후안무치에 화가 날 때는 즉시 자신에게 물어보라. 세상에 부끄러움을 모르는 인간이 존재하지 않을 수 있겠느냐고. 그럴 리는 없을 것이다. 그렇다면 애초에 불가능한 일을 기대해서는 안 된다.

'불쾌한 사람을 만나는 것은 당연한 일이다.'
이렇게 생각하면 상당히 평온한 마음으로 있을 수 있다는 말이다.
또한 아우렐리우스는 암내를 풍기는 사람이나 입 냄새가 심한 사람에 대해서도 "그것은 그 사람이 나쁜 것이 아니라 운이 없게도 그런 겨드랑이나 입을 가진 것 뿐이니 용서해줘라"라고 말했다.
《명상록》은 이처럼 대인관계의 비결이 가득 담겨 있는 좋은 책이니 꼭 읽어보자. 어쨌든 세상은 그런 사람들로 가득하다고 각오해두는 것이 중요하다.

'원래 인간의 마음은 악하다'라고 생각하면 불합리한 취급을 받더라도 상당 부분 견뎌낼 수 있다. 선의를 기대하지 않으므로 배신당했다고도 생각하지 않는다. 여기에 '인간은 본래 악하다'라고 생각해도 현실 세계에는 "힘들어 보이는데 제가 도와드릴까요?"라며 친절을 베푸는 사람도 많으며, 그럴 때는 기대하지 않았던 만큼 커다란 감동을 느낄 수 있다.

✡ '인간은 원래 그런 존재'라는 생각으로
기대하지 않으면서 살아간다.

이길 수 있는 곳에서
승부한다

장기의 세계에는 "져서 강해져라"라는 말이 있다. 강한 사람을 계속 상대해서 패배의 쓴맛을 보고 '젠장! 꼭 이기겠어!'라고 분발하면 더욱 강해질 수 있다는 이야기다.

분명히 그것도 일리가 있는 말이다. 그러나 심리학적으로 보면 '져서 강해지는 것'은 정신력이 강한 사람에게나 해당되는 이야기다. 대부분의 경우 '계속 지기만 하면 사람은 약해지기 마련'이다. 질 때마다 자신의 무력함을 뼈저리게 맛본 끝에 결국 의욕을 잃어버린다.

그러므로 자신감을 키우고 싶으면 '이길 수 있는 곳에서만 승부하는 것'이 중요하다. 계속해서 승리의 맛을 봄으로써 '나, 대단한 거 같아'라고 느끼면 자신감도 강화된다.

우수한 교사는 공부를 못하는 학생에게 처음부터 어려운 문제를 내지 않는다. 쉽게 풀 수 있는 문제부터 철저히 반복시켜서 자신감을 키워준다. 그래서 충분히 자신감이 붙으면 약간 어려운 문제를 준다. 그렇게 하지 않으면 공부를 못하는 학생이 잘하게 될 수 없다.

왜 '첫 전투'가 중요한가?

"사막의 여우"라는 별명으로 유명한 독일의 군인 에르빈 로멜 Erwin Rommel은 신병의 첫 전투 상대로 반드시 이길 수 있는 상대를 골랐다는 이야기가 있다(사와다 도미오 지음,《사람을 키우는 심리학人を育てる心理学, 일본경단련출판). 계속 승리의 맛을 보게 하면 병사는 강해진다. '우리가 질 리가 없어!'라고 생각하게 된다.

또한 투견도 강한 개를 키우기 위해 약한 개와 계속 싸움을 붙인다고 한다.

미국 채프먼 대학의 아미 헐리Amy Hurley 교수가 최고 경영자와 중간 관리직 683명을 대상으로 조사한 결과, 그들은 '다른 입사 동기보다 첫 승진이 빨랐다'고 한다. 처음에 승리한 사람은 그것이 자신감이 되어 적극적으로 업무에 임할 수 있게 되며, 그 후에도 계속 승리하는 경향이 있다는 것이다.

일단은 '이길 수 있는 곳'에서 승부해보자. 어느 정도 자신감이 붙으면 어려운 일에도 도전해보고 싶은 의욕이 생긴다. 그런 의욕이 생겨나기까지는 일단 '간단한 일'을 반복해서 기술을 향상시키는 것이 올바른 방법이다.

✡ '승리의 맛'을 알면
의욕은 점점 커진다.

스트레스는
매일 해소한다

매일 조금씩 청소를 하면 대청소를 할 필요가 없어진다. 그러나 귀찮다고 미뤄두고 더러움이 쌓일수록 청소는 힘들어진다. '나중에 한꺼번에 하지 뭐'라는 것은 좋지 않은 작전이다.

스트레스도 마찬가지다. 매일 조금씩 쌓여가는 스트레스는 그날 중에 발산해 해소하는 것이 정답이다.

독일 브라운슈바이크 공과대학의 사빈 소넨타그Sabine Sonnentag 교수는 여섯 개의 공공 서비스 조직에서 일하는 147명(평균 연령 39세)에게 스트레스에 관한 기록을 일기 형식으로 적게 했다. 그 결과, 다음 날 아침에 의욕이 얼마나 돌아오는가, 얼마나 적극적으로 출근할 수 있는가를 결정하는 것은 '전날 중에 스트레스를 해소하고 있는가?'임을 알게 되었다. 스트레스를 효과적으로 발산한 사람은 다음 날 새로운 기분으로 업무에 몰두할 수 있었다.

몇 달에 한 번의 여행보다 매일의 자기 관리

한두 번의 작은 스트레스라면 좋아하는 초콜릿을 한 알 먹는다든가 가볍게 스트레칭을 하는 정도로 쉽게 물리칠 수 있다. 그러나 작은 스트레스라도 계속해서 쌓이기만 한다면 쉽게 발산하기가 힘들다. "화재는 불씨일 때 꺼라"라는 말이 있는데 스트레스도 마찬가지다. 욕탕에 들어가서 느긋하게 쉰다든가 취미인 정원 손질을 하는 등 자기 나름대로 '이렇게 하면 기분이 개운해지는 방법'을 갖고 있으면 좋다.

몇 주, 몇 달씩 죽어라 일하고 그 상으로 여행을 가는 것도 나쁘지는 않지만, 직장에서든 집에서든 쉽게 실천할 수 있는 스트레스 해소법을 갖고 수시로 자신을 관리해주는 것이 중요하다.
휴식 시간에 동료와 수다를 떨거나 가족과 대화를 나누는 것도 스트레스 발산에 도움이 된다.

인터넷에 '스트레스 해소'라고 검색하면 도움이 되는 체조나 소소한 취미 활동도 많다.

✡ 스트레스 해소를 위한
나만의 방법을 많이 보유한다.

마음의 면역력을 높이는
자기주장 연습법

미국 텍사스 대학의 리사 네프Lisa Neff 교수는 결혼한 지 6개월 이내인 신혼부부 61쌍의 협력을 얻어서 2년 반에 걸친 조사를 실시했다. 그 결과, 전혀 싸움을 하지 않는 부부보다 결혼하고 몇 달 안에 작은 스트레스를 느껴서 싸움을 했고, 그 갈등을 극복한 부부가 이후의 결혼 상황에서 스트레스를 덜 느끼는 것을 알게 되었다. 바로 '면역 효과'라는 것이다.

작은 스트레스를 느끼고 그것을 극복하다 보면 더 크고 강한 스트레스에 견딜 수 있는 힘이 생긴다. 독성을 약화시키는 균이나 바이러스를 몸속에 집어넣는 예방접종을 받으면 그에 대한 내성, 즉 면역이 생기는데 스트레스도 마찬가지다. 작은 스트레스로 면역력을 키워놓으면 더 큰 스트레스가 생겨도 견뎌낼 수 있게 된다.

네프에 따르면 결혼하고 1년 이내에 부부 싸움을 하지 않은 커플은 스트레스를 극복하기 위한 수행을 하지 못해 결국 파국을 맞이할 때가 많다고 한다.

작은 다툼으로 '자기주장'을 연습한다

작은 싸움을 몇 번 하면 그때마다 화해하는 방법을 배울 수 있다. 그런데 한 번도 싸움을 경험하지 않은 커플은 자신이 하고 싶은 말을 어떻게 전달해야 하는지, 악화된 관계를 회복하려면 어떻게 해야 하는지 알지 못한다. 그 결과 두 사람의 관계가 삐걱대 그대로 파국을 맞이하게 되기도 하는 것이다.

회사의 인간관계 등도 그렇다. 상사와 의견 차이가 있어도 꾹 삼키고 자기주장을 하지 않으면 그 순간 갈등은 모면하겠지만 결국 기분이 좋지 않은 상태가 계속된다. '나는 이렇게 생각한다'라는 것을 제대로 전했지만 그래도 의견이 받아들여지지 않는 것과 처음부터 아무 말 없이 따르기만 하는 것은 이후의 업무 진행에도 큰 영향을 끼친다.

상사에게 자기주장을 하는 연습을 하고 싶다면 '아무래도 상관없는 일'을 일부러 거슬러보자. '점심으로 자장면을 먹을 것인가, 짬뽕을 먹을 것인가?' 같은 아무래도 상관없는 주제에 대해 상사에게 반론을 해보는 것이다. 아무리 사소한 주제라 해도 상사의 의견에 이의를 제기한다는 데 스트레스를 느낄지도 모르지만, 아무래도 상관없는 일이라면 작은 스트레스로 그칠 수 있다.

그럴 때 연습을 해두면 중대한 주제로 논쟁을 벌이게 되었을 때 능숙한 자기주장을 할 수 있게 된다.

✿ 마음도 '무균 상태'에서는
강하게 자라지 못한다.

좋은 방향으로
왜곡해서 해석한다

상사에게 혼이 나거나 고객에게 불평을 들으면 대부분의 사람은 풀이 죽는다. '나는 왜 이렇게 무능할까?'라는 생각에 자아존중감도 저하된다. 의욕까지 없어질지 모른다. 그러나 이런 스트레스가 큰 사건도 마음속에서 좋은 방향으로 '왜곡'하면 그다지 신경이 쓰이지 않게 된다.

심리학에서는 마음의 왜곡을 '편향'이라는 전문 용어로 부른다. 그중에서도 좋은 방향으로 왜곡해서 해석하는 것을 '긍정적 편향'이라고 한다. 스트레스를 잘 받지 않는 체질을 만들고 싶다면 긍정적 편향을 적극적으로 이용해야 한다.

예를 들어 상사에게 호되게 설교를 들어도 이렇게 생각해보는 것이다.

'애정을 이렇게 표현하는구나.'

'이건 사랑의 채찍이야.'

'그만큼 내게 기대가 크다는 의미겠지.'

이성에게 인사를 했는데 대꾸가 없을 때도 '나처럼 멋진 사람이 눈앞에 있으니 부끄럼을 타는 건가?'라고 일부러 오해하면 그다지 마음의 상처를 받지 않을 것이다.

스트레스를 느끼는 사태가 발생했을 때는 일단 좋은 방향으로 해석해서 자신을 속이는 것이 가장 좋다. 긍정적 편향으로 기쁘고 즐거우며 유쾌하게 생각하는 습관을 들이자.

미국 테네시 대학의 에린 오마라Erin O'Mara 교수가 부부 82쌍을 4년에 걸쳐 조사한 결과, 서로에 대해 긍정적 편향이 습관화된 부부는 우울감의 정도가 낮다는 사실이 밝혀졌다. 아내가 시끄럽게 잔소리를 해도 '이만큼 나를 사랑하고 걱정해주는구

나'라고 오해하는 남편은 행복한 것이다. "방에서 담배 피우지
마요"라고 혼이 나도 '나보다 더 내 건강을 신경 써주는구나'
라고 생각하면, 상대의 말에 적의를 품거나 불쾌해지는 일이
사라진다.

마찬가지로 일이 생각처럼 진행되지 않을 때도 '신이 내게 시
련을 주는구나. 이것만 극복하면 분명히 좋은 일이 기다리고 있
을 거야'라고 생각하면 스트레스에 능숙하게 대처할 수 있을
것이다.

어떤 일이든 부정적으로 생각하지 말자. '나에게 좋은 방향으
로 해석하는 것'이 중요하다.

PART

3

조금만
더
둔감해져 본다

일일이 반응하면 피곤할 뿐이다

나를 괴롭히는
버릇에서 벗어난다

사람은 '비합리적인 신념'으로 스스로를 고통에 빠뜨릴 때가 많다. 이를테면 이렇다.

'만난 사람 모두에게 좋은 인상을 줘야 해.'

'완벽한 얼굴이 아니면 이성의 호감을 살 수 없어.'

'완전무결한 상사가 되어야 해.'

그러나 이런 현실적이지 못한 생각을 품고 있어서는 몸도 마음도 괴로울 뿐이다. 그럴 때는 자신에게 '현실적인 반론'을 제기해보자.

'굳이 만나는 사람 모두의 호감을 살 필요가 있을까? 정말 마

음을 터놓을 수 있는 친구가 있다면 그것으로 충분하잖아?'

'어떤 사람은 완벽한 외모가 아닌데도 멋진 애인이 있다고.'

'세상의 상사가 전부 이상적일 수는 없잖아?'

이런 식으로 말이다. 그러면 비합리적인 신념에 얽매여 있던 마음이 풀어진다.

걱정거리의 90퍼센트를 없애는 비결

오스트레일리아 태즈메이니아 대학의 테드 톰슨Ted Thompson 교수는 걱정이 많은 사람, 매사를 비관적으로 생각하는 사람을 모아서 4주 동안 '반론 사고 훈련'을 실시했다. 가령 '나는 병에 걸린 것이 아닐까?'라고 고민하는 사람에게는 다음과 같이 반론하게 하는 훈련을 반복했다.

'하지만 나는 정기적으로 운동을 하고 있으니 아마도 다른 사람들보다 건강하지 않을까?'

'그리고 보면 부모님 모두 건강하시잖아?'

'식사에도 신경을 쓰고 있으니 건강하지 못한 식습관을 가진 사람에 비하면 훨씬 낫지 않겠어?'

머릿속에 불안한 생각이 떠오를 때마다 이런 반론을 하도록 훈련시킨 결과, 그들은 '비합리적인 신념'으로 인한 고통을 받지 않게 되었다. 게다가 비관주의적 경향이 감소한 사람은 장기적으로 마음의 상태도 개선됨이 밝혀졌다. 4주만 훈련을 받으면 성격도 달라지는 것이다.

이처럼 '객관적인 현실'을 들이밀면 '근거 없는 고민'은 점차 사라질 것이다.

'반론 사고 훈련'으로 마음을 건강하게!

숫자에
압박감을 느낀다면

틸리스 커피 재팬Tully's Coffee Japan의 창업자인 마쓰다 고타松田公太는 1호점을 긴자의 중심 지역에 출점하기로 결정했을 때 7,000만 엔(우리 돈으로 약 7억700만 원)이나 빚을 져야 했다. 7,000만 엔은 평범하게 일하는 사람에게 엄청난 거금이다. 이것은 마쓰다에게도 마찬가지여서 당연히 불안감을 느꼈지만 그는 냉정하게 계산해봤다.

'시급 850엔인 편의점 아르바이트를 하루에 15시간, 일주일에 6일 동안 한다면 월급은 33만 엔에서 34만 엔 정도야. 아내의 수입까지 포함하면 한 달에 40만 엔 정도는 갚을 수 있겠군⋯.'

이렇게 계산해보고 '뭐야, 갚을 만한데?'라고 생각했다고 한다. '아무리 상황이 나빠도 이렇게 하면 전부 갚을 수 있겠군'이라고 머리로 이해하자 망설임에서 벗어날 수 있었다는 것이다 (마쓰다 고타 지음,《모든 것은 한 잔의 커피에서すべては一杯のコーヒーから》, 신초사).

사람은 무엇인가를 고민하거나 불안을 느끼면 감정의 파도에 휩쓸린 나머지 '머리로 냉정하게 생각하고 계산하기'를 실천하지 못한다. 그러나 조금만 마음을 진정시키고 객관적으로 계산하거나 종이에 적어보면 고민이나 불안감은 의외로 깔끔하게 날아가 버린다. 7,000만 엔이라는 거액의 상환액에 마음이 동요했더라도 '한 달에 얼마를 갚으면 되는가?'를 객관적으로 계산해보면 의외로 '뭐야, 그리 대단하지도 않잖아?'라고 생각될 수 있는 것이다.

대부분의 사람은 큰 숫자나 업무, 요구를 눈앞에 들이대면 동요하고 만다. 그러나 최대한 작게, 잘게 분할해서 냉정하게 생각해보면 '생각보다 별것 아니네'라는 생각이 들 때가 많다.

'분해'하면 몰입하기 편해진다

미국 스탠퍼드 대학의 앨버트 반두라Albert Bandura 교수는 초등학생 아이들에게 수학 문제집을 풀게 하기 위해 두 가지 방식으로 지시를 했다.

한쪽 그룹에는 "이 문제집은 모두 258쪽이란다. 모두 열심히 풀도록"이라고 지시했는데, 이 그룹에서는 55퍼센트의 아이들이 문제집을 끝까지 풀었다.

한편 다른 그룹에는 "적어도 하루에 6쪽씩은 풀자. 6쪽씩 풀면 아무리 늦어도 43일이면 끝이 날 거야"라고 지시했는데, 이 그룹에서는 74퍼센트의 아이가 문제집을 전부 푸는 데 성공했다.

어떤 커다란 숫자를 앞두고 패닉에 빠질 것 같다면 작은 숫자로 분해해서 생각해보기를 바란다. 틀림없이 금방 혼란이 진정될 것이다.

냉정하게 처리하면
의외로 큰일을 해낼 수 있다.

위만 올려다봐서는
한도 끝도 없다

친구가 모두

나보다 대단해 보이는 날은

꽃을 사서

아내와 감상하네.

일본의 시인 이시카와 다쿠보쿠石川啄木는 이런 단가를 남겼다. '친구들은 전부 대성했는데 그에 비해서 나는…'이라며 자신의 처지를 한탄하는 시다.

그렇다면 이시카와 다쿠보쿠는 대체 어떤 친구와 자신을 비교한 것일까? 그가 비교한 상대는 국어학자인 긴다이치 교스

케金田一京助와 작가 노무라 고도野村胡堂다. 긴다이치 교스케는 일본의 원주민인 아이누 인이 사용한 언어를 연구한 것으로 유명했고, 노무라 고도는 수백 편의 작품을 발표한 소설가였다. 즉, 유명한 사람들과 자신을 비교하며 실망한 것이다. 그런 사람들과의 비교에서는 어지간한 사람은 모두 '초라한 존재'로 생각될 뿐이다.

상담자 중에 굉장히 단정한 얼굴임에도 '나는 왜 이렇게 못생겼을까…'라며 우울해하는 여성이 있었다. 그런데 이야기를 나눠보니 그는 최근 인기가 높은 여배우나 모델과 자신을 습관적으로 비교했다. '나는 통통한 것도 아니고 완전 돼지야'라고 고민하는 사람들도 대개는 잡지에 나오는 모델과 자신을 비교하며 좌절에 빠진다.

그러나 배우나 모델은 어떤 의미에서 매우 특수한 사람이다. 미디어에 등장하는 그들의 외모는 머리 손질과 화장, 패션, 조명 등을 통해 상당히 공을 들인 것이다. 어떤 의미에서는 허구虛構의 미남미녀라고 할 수 있다. 그러므로 일반인이 그들과 자신을 비교하는 것은 난센스다. 그래서는 점점 더 우울해질 수밖에 없다.

'나도 그렇게 못나지 않았어'라고 생각하는 비결

네덜란드 틸뷔르흐 대학의 디르크 스미스터스Dirk Smeesters 교수
는 여자 대학생 62명 중 약 절반에게 매우 마르고 매력적인 여
성 모델이 나오는 광고를 여덟 장 보여준 다음 자아존중감을
측정하는 테스트를 받게 했다. 그랬더니 이 그룹의 여성들은 모
두 자아존중감이 낮아졌다.

다음에는 나머지 절반에게 그다지 매력적으로 생각되지 않
는 여성 모델이 나오는 광고를 여덟 장 보여준 다음 역시 자아
존중감 측정 테스트를 받게 했는데, 이쪽 그룹은 모두 높아졌
다. '나도 그렇게 못난 편은 아니네'라는 생각이 들었기 때문이
다. 이 실험 결과에서도 '자신보다 위를 비교하는 것'은 심리학
적으로 그다지 바람직하지 않음을 알 수 있다.

예를 들어 연수입이 1,000만 엔인 사람도 연수입이 1억 엔인
사람과 자신을 비교하면 '저 사람은 나보다 10배를 더 버네…'
라는 생각에 초라하게 느껴질 것이다. 그러므로 지금 자신의 수
입이 약간 불만스럽게 느껴진다면 '만약 내가 지금의 10분의
1밖에 벌지 못하고 있다면…?'이라고 생각해보자. 그러면 '지금
의 나는 정말 복 받았구나!'라며 신에게 감사하는 마음이 생기

고 행복감이 느껴질 것이다.

비교하는 습관을 버리면 남에게 일어나는 좋은 일에도 진심으로 축하해줄 수 있는 여유 또한 생겨난다.

나보다 나은 누군가와 비교하며
일희일비하기를 그만둔다.

콤플렉스는 의외로
나쁜 것이 아니다

이 책에서는 '신경 쓰지 않기' 위한 여러 가지 심리 테크닉을 소개하고 있다. 그러나 '도무지 신경이 쓰여서 견딜 수가 없어!'라는 일이 있다면 철저히 고민해보자. 특히 그것이 콤플렉스라면 심각하게 고민하기를 바란다. 계속 고민하다 '어떻게든 하고 싶어!'라는 의욕이 샘솟으며 그것이 콤플렉스를 극복하는 원동력이 될 것이다. 별로 신경 쓰이지 않는 일이라면 '될 대로 되라지'라고 가볍게 흘려 넘기게 되기 때문에 자신을 바꾸려는 의욕이 샘솟지 않는다. '신경이 쓰여서 도저히 견딜 수 없어!'라며 진지하게 고민할 때, 비로소 어떻게든 해보려는 의욕이 생겨나는 것이다.

자신을 분발시키는 솜씨가 뛰어난 사람

역사 속에도 '콤플렉스가 있기에 성공한 사람'이 적지 않다. 웅변가로서 이름을 떨쳤던 고대 그리스의 데모스테네스Demosthenes는 원래 심각한 말더듬이였다. 그 콤플렉스를 극복하기 위해 피나는 노력을 한 끝에 웅변가로서 대성할 수 있었던 것이다.

또한 2차 세계대전 당시 영국의 총리로서 지도력을 발휘한 윈스턴 처칠Winston Churchill은 '나는 못생겼어'라는 콤플렉스에 시달렸는데, '어차피 얼굴로 승부할 수 없으니 웅변으로 승부하자'라고 생각한 덕분에 국민의 마음을 사로잡는 훌륭한 총리가 될 수 있었다.

대문호 톨스토이Lev Tolstoy도 못생긴 외모 때문에 고민했지만 문학적 재능을 발전시켜서 세계적인 명작을 씀으로써 콤플렉스를 극복했다.

사람은 콤플렉스가 있을 때 비로소 그것을 다른 무엇인가로 메우고자 '노력할 의욕'을 가질 수 있다. 이것을 심리학 용어로 '보상'이라고 한다. 키가 작은 것이 콤플렉스라면 누구에게도 지지 않을 정도의 지식을 얻기 위해 열심히 공부하거나 부자가 되어서 자신을 무시했던 사람들이 자신을 다시 보게 만드는 경우가 바로 그렇다.

콤플렉스는 건설적인 '자기 변혁의 동기'로 바꾸는 계기가 되기도 한다.

'나를 다시 보게 만들겠어!'라고 결심하면 고민은 작아진다.

사람은 돌봐줘야 하는 상대를
귀엽게 느낀다

배려심이 강한 유형의 사람은 다른 사람에게 부탁하는 것을 부담스러워 한다.

'다른 사람에게 폐를 끼치고 싶지 않아.'

'무엇이든 내 힘으로 해야 해.'

이런 식으로 생각하기 때문이다. 그러나 의외로 사람은 누군가에게 부탁받는 것을 기뻐한다. 그러므로 조금은 어리광쟁이가 되어도 괜찮다.

사람은 이것저것 돌봐줘야 하는 상대, 신경 써줘야 하는 상대를 귀엽게 느끼기 마련이다. 미국의 정치가인 벤저민 프랭클린 Benjamin Franklin은 이 작전을 이용해 자신의 팬을 늘려나갔다. 그래서 심리학에서는 의도적으로 상대에게 폐를 끼쳐 자신을 돌봐주게 함으로써 호의를 얻는 것을 '프랭클린 효과'라고 부른다. '벤 프랭클린 효과'라고 부르기도 한다.

좀 더 안심하고 어리광쟁이가 되어도 된다. 일본의 소설가 나쓰메 소세키夏目漱石는 부인이 출산할 때 조산사가 제시간에 오지 못해 자신이 직접 받아야 했던 넷째 딸 아이코愛子를 특히 귀여워했다고 한다. '이 아이는 내가 직접 받은 아이야!'라고 느꼈기 때문인지도 모른다. 처음부터 다른 아이들과는 다르게 손이 많이 갔기 때문에 각별했던 것이다.

완벽한 사람보다 돕고 싶어지는 사람

어째서인지 귀여움을 많이 받는 사람이나 인기가 있는 사람을 떠올려보자. 그 사람은 무엇이든 스스로 해낼 수 있는 사람일까? 모든 일을 완벽하게 해결하는 사람일까? 절대 그렇지 않을 것이다. 오히려 이럴 것이다.

"애는 우리가 돌봐주지 않으면 할 줄 아는 게 하나도 없다니까"라고 말하게 되는, 덜렁대고 모두에게 폐를 끼치는 사람이 더 사랑받지 않는가?

'무엇이든 내 힘으로 해내야 해'라는 것은 단순한 선입관이다. '나 혼자서는 아무것도 하지 못해'라고 부끄럽게 생각하거나 주위 사람에게 폐만 끼친다고 탄식할 필요는 없다. 여러분을 도와주는 사람은 도와주는 행위를 즐기고 있으니 끙끙 앓지 않아도 된다.

덜렁대는 사람일수록 사랑스럽게 느껴진다

덜렁대는 캐릭터에 대해서도 사람은 '밉살스럽다'고 생각하는 것이 아니라 '사랑스럽다'고 여긴다. 호감이 가고 친근하고 귀엽게 느끼는 것이 보통이다.

　이와 관련해 영국 하트퍼드셔 대학의 리처드 와이즈먼Richard Wiseman 교수는 어느 쇼핑센터에서 다음과 같은 실험을 했다. 그는 두 여성 도우미인 새라와 엠마를 쇼핑센터에 보내서 신형 믹서를 사용해 판매하게 했다. 두 사람은 고객들 앞에서 과일 음료를 만들었는데, 새라는 모든 과정을 완벽하게 수행한 반면에 엠마는 믹서의 뚜껑을 날려버리는 바람에 온몸에 과일 음료를 뒤집어썼다. 물론 이것은 그렇게 하도록 사전에 지시받은 행동이었다.

그리고 그 모습을 본 고객들에게 새라와 엠마에 대한 인상을 물어봤는데, 엠마가 훨씬 좋은 인상을 줬음을 알 수 있었다(리처드 와이즈먼 지음, 이충호 옮김,《59초》, 웅진지식하우스).

'60점이면 돼'라고 생각해보자

다소의 덜렁댐은 애교가 아닐까? '완벽하게 해내야 해'라고 생각할수록 마음은 괴로워진다. 덜렁대고 불완전한 자신을 허락해주자. 점수로 치면 언제나 100점 만점을 지향하지 말고 '60점 정도면 돼'라고 생각하자.

물론 대충 하라는 의미는 아니다. '필요 이상으로 노력할 필요는 없다'는 말이다.

✡ '호감을 주는 사람'은 도움을 받으며
세상을 쉽게 살 수 있다.

타인에게 대단해 보이려고
노력하지 않아도 좋다

자신을 크게 보이려 하는 사람이 있다. 유능한 사람이라든가 직장의 인기 스타라든가….

그러나 이른바 '허세'를 부린다고 해서 좋을 것은 하나도 없다. 허세를 부리면 행여나 자신의 거짓말이 발각되지는 않을까 걱정되어 벌벌 떠는 신세가 된다. 그리고 결국 들통이 나서 창피를 당할 위험성이 있다. 실력이 따라오지 못하는데 자신을 과시하는 자세는 다른 사람들의 눈에 우스꽝스럽게 비칠 뿐이다.

'나는 별로 대단한 사람이 아니야'라고 생각한다

사람은 자신의 능력이나 재능을 과대평가하기 쉽다. 허세를 부릴 생각은 없지만 근거도 없이 '뭐, 이 정도면 꽤 괜찮은 편이지'라고 생각하는 것이다.

캐나다 요크 대학의 미셸 러스트먼Michèle Lustman 교수는 운전 면허를 취득한 사람들에게 "당신의 운전 실력은 어느 정도입니까?"라고 질문했다. 그러자 남성의 73퍼센트, 여성의 49퍼센트가 "80점 이상"이라고 대답했다. 또한 미국 텍사스 대학의 마틴 킬더프Martin Kilduff 교수는 기업 네 곳에서 일하는 116명에게 "당신은 직장에서 얼마나 인기가 있습니까?"라고 질문했는데, 역시 대부분이 "상당히 많다"라고 대답했다고 한다.

허세를 부리지 말고 '나는 뭐 별로 대단한 사람이 아니야'라고 생각하자. 그러는 편이 겸손하게 있을 수 있으며 주위 사람들에게도 좋은 인상을 준다. 자신은 인기도 실력도 매력도 없이 '평범한 사람'이라고 생각하고 행동해야 '언젠가 들통이 나서 창피를 당하지 않을까?'라는 걱정을 하지 않을 수 있다.

심리치료사인 바튼 골드스미스Barton Goldsmith는《자신감이 붙는 방법100 Ways to Boost Your Self-Confidence》이라는 자신의 책에서

"허세만 부리는 사람은 영원히 자신감이 생기지 않는다"라고 지적했다.

'나는 평범한 사람이니까 그렇게 대단해 보이려 하지 않아도 돼'라고 생각하는 것이 오히려 자신감을 주는 방법이며, 마음이 가벼워지고 있는 그대로의 모습으로 살 수 있게 해준다는 뜻이다. 애초에 사람은 남에게 보여지기 위해 태어난 것도 존재하는 것도 아니다.

✡ 있는 그대로의 모습으로
살아가는 사람이 가장 강하다.

예상 밖의 일에
어떻게 대처해야 할까?

'리스크 매니지먼트'라는 말이 있다. 종종 오해를 하는데 이것은 '위기를 없애자'는 의미가 아니다. '리스크에 적절히 대처하자'는 뜻이다.

리스크를 제로로 만들기는 애초에 불가능하다. 최대한 줄일 수는 있지만 위기는 일어나게 되어 있다. 그리고 위험에 빠졌을 때 '피해가 최소한에 그치게 하자'는 것이 리스크 매니지먼트의 기본적인 사고방식이다.

어떤 분야에서든 예상 밖의 일은 일어난다. 그럴 때 어떻게 할지 미리 정해놓는 것이 리스크 매니지먼트다. 처음부터 '예상 밖의 일은 일어나게 되어 있다'라고 생각하면 실제로 그런 일이 일어나더라도 패닉에 빠지지 않을 수 있으며, '역시 그렇군'이라고 담담하게 대책을 마련할 수 있다.

대비하는 사람은 여유가 있다

미국 포덤 대학의 존 후츠John Houtz 교수에 따르면 프로 교사는 '수업 준비'를 중시한다고 한다. 우수한 선생은 온갖 상황을 예상해놓는다. 학급에 시끄러운 학생이 있다면 어떻게 조용히 시킬지, 이상한 질문을 받으면 어떻게 빠져나갈지, 수업 시간이 부족할 것 같으면 어떻게 할지…. 온갖 상황을 예상하면서 준비하는 것이다.

준비만 해놓으면 예상 밖의 일이 일어나더라도 냉정하게 대처할 수 있다.

준비돼 있는 사람은
침착하게 있을 수 있다.

나날이 뻔뻔스러워지는
내가 즐겁다

나이를 먹은 고양이는 점점 뻔뻔해지는데 이는 사람도 마찬가지다. 어느 정도 나이를 먹으면 작은 일에 신경이 쓰이지 않게 된다. 깊은 고뇌는 젊은이의 특권이며 나이를 먹을수록 고민조차 귀찮아진다.

　일본의 대표적인 현대 소설가인 엔도 슈사쿠遠藤周作는 나이를 먹은 뒤로 '아무래도 상관없어'라는 생각이 강해져서 타인에게 아첨하거나 비위를 맞추는 일 없이 편하게 살 수 있게 되었다고 썼다(《이상한 자신을 사랑하라ヘンな自分を愛しなさい》, 세이슌출판사).

'나이를 먹고 싶지 않아!'

'언제나 젊고 싶어!'

이렇게 바라며 노화 방지에 힘쓰는 사람도 많겠지만 나이를 먹는 것은 결코 나쁜 일만이 아니다. 작은 일에 민감하게 반응하지 않게 되고 스트레스도 잘 느끼지 못하게 돼 훨씬 살기가 편해지기 때문이다.

미국 애리조나 주립대학의 리처드 키니어Richard Kinnier 교수의 조사에 따르면 60세를 넘긴 사람 10명 중 6명은 '나이를 먹음에 따라 낙관적이 되고 스트레스를 잘 느끼지 못하게 되었다'고 한다. 반수 이상의 사람에게는 나이 드는 일이 '좋은 방향'으로 작용한 듯하다.

나도 20대였을 때는 다른 사람이 어떻게 볼지가 신경이 쓰여 견딜 수가 없었다. 40대가 된 지금은 이성에게 '전혀 흥미가 없다'라고 말하면 거짓말이겠지만, 굳이 호감을 사려고 애쓰지 않게 되었다. 강연회의 경우도 10년 전에는 참가자 모두를 만족시키지 못하면 강사로서 실격이라고까지 생각했지만, 요즘은 그렇게 극단적으로 생각하지 않는다. '억지로 끌려온 사람도 있을 텐데 모두의 기분을 맞출 수는 없지'라고 가볍게 생각할 수 있게 되었다.

나이를 먹는 것이 이유 없이 싫다거나 저항감이 느껴진다면 '나이를 먹으면 스트레스를 잘 받지 않게 되니 기뻐할 일이지'라고 '마음의 방향'을 바꿔보는 것은 어떨까?

PART

무리해서
자신을
바꿀 필요는 없다

마음에 심호흡하는 시간을 선물하자

리허설을 해두면
초조해지지 않는다

'나는 남들 앞에서 이야기하는 건 정말 못하겠어'라고 생각하는 사람이 적지 않다. 사실 사람들 앞에서 이야기하는 것은 누구에게나 부담스러운 일이므로 그런 생각이 특별히 이상한 것은 아니다.

나는 만담가인 아야노코지 기미마로綾小路きみまろ를 매우 좋아하는데, 그토록 청산유수로 말을 쏟아내며 사람을 웃기는 그조차도 사실은 대중 앞에서 이야기하는 데 부담을 느끼는 모양이다. 그는 자신이 이야기할 대본을 완성한 뒤가 아니면 절대 무대에 오르지 않는다고 한다. 그래서 방송에 게스트로 초대받아 대본 없이 이야기할 때는 긴장해서 땀을 비 오듯이 흘리며 횡

설수설할 뿐이라는 것이다(아야노코지 기미마로 지음,《실패는
얼굴만으로 충분합니다失敗は顔だけで十分です》, PHP출판).

사람들 앞에서 이야기하는 것이 부담스럽다면 '무슨 이야기
를 할지' 미리 정해놓는 것이 좋다. 이를테면 가족이나 취미에
대한 이야기를 하기로 결정해놓고 상대가 누구든 잡담을 할 때
이 주제를 꺼내는 것이다. 이와 같이 이야기할 내용을 사전에
정해놓으면 긴장할 일이 적어진다. 이야기할 내용을 종이에 적
어서 통째로 암기해놓으면 더더욱 좋다. 일단 외워놓기만 하면
누구를 만나든 같은 이야기를 반복하면 되므로 어깨 위의 짐이
상당히 가벼워진다.

자신의 의견을 전달하는 데 서툰 사람도 어떤 말을 할지 사전
에 정해놓으면 능숙하게 자기주장을 할 수 있게 된다. 이것을
'리허설법'이라고 한다.

'자기주장'에도 연습이 필요하다

미국 위스콘신 대학의 리처드 맥펄Richard McFall 교수는 자기주
장이 서툴다고 생각하는 사람을 모아서 리허설 훈련을 시켰다.
먼저 이를테면 '영화표를 사려고 줄을 섰는데 끼어드는 사람

이 있었다' 같은 거북한 구체적인 상황을 상상하게 했다. 그런 다음 어떤 식으로 자기주장을 해야 좋을지 생각하고, 그 말을 수없이 입 밖에 내며 리허설을 하게 했다. 그러자 훈련 후에는 62.94퍼센트가 능숙하게 자기주장을 할 수 있게 되었다.

'나는 남과 이야기하는 게 서툴러'라고 생각하는 사람은 대부분 '계획성이 없는 것'이다. 준비도 리허설도 하지 않으니 제대로 말을 할 수 있을 리가 없다.

앞으로는 사람들 앞에서 이야기할 일이 있으면 철저히 준비한 다음 임하도록 하자. 그러면 부담감도 서서히 극복할 수 있을 것이다.

✼ 통째로 암기해놓으면
긴장하지 않게 된다.

약간의 어색함이
오히려 호감을 준다

면접이나 시험을 볼 때, 혹은 처음 보는 사람과 만날 때는 가슴이 두근거리기 마련이다. '침착해야 해'라고 생각할수록 심장이 쿵쿵 뛰었던 경험은 누구에게나 있을 것이다.

　그러나 '긴장하는 모습'을 상대에게 보이는 것은 결코 마이너스가 되지 않는다. 오히려 긍정적으로 평가받을 때도 많다.

'청산유수 같은 화술'에 반감을 느낄 때

가령 채용 면접을 볼 때 너무 여유로운 모습이면 '건방진 사람'

으로 보이기 쉽다. 오히려 약간 긴장한 정도가 '귀엽네'라는 인상을 줄 때도 있다. 지나치게 여유로우면 '면접에 익숙한 사람'으로 보일 수 있기 때문에 면접관에게 그다지 좋은 인상을 주지 못한다. 질문에 너무 막힘없이 술술 대답하면 면접관은 경계심을 품게 될 것이다. 오히려 긴장해서 조금 더듬거리지만 성실하게 답변하는 사람에게 좋은 인상을 받는다.

또한 이성과 이야기할 때도 너무 자연스럽게 대응하면 상대는 '이성에게 익숙한 사람이구나'라는 생각에 불안감을 느낀다. 경박하고 가벼운 사람이라고 생각하는 것이다. 오히려 조금은 어색한 분위기로 정중하게 대응하는 상대에게 호감을 느낄 때가 많다.

이처럼 '긴장한 모습'을 보이는 것이 반드시 마이너스인 것은 아니며 나쁜 인상을 주는 것도 아니다. 자신이 내성적이고 쉽게 긴장한다고 걱정하는 사람은 부디 안심하기 바란다.

빨개지는 얼굴을 무기로 삼는다

네덜란드 마스트리히트 대학의 피터 더 용Peter de Jong 교수에 따르면 사람을 대할 때 얼굴이 빨개지는 것은 오히려 긍정적인 인상을 준다고 한다. 새빨개진 얼굴을 보여도 상대는 결코 나쁜 인상을 받지 않는다. 오히려 '이 사람 귀엽네'라고 긍정적으로 받아들인다는 것이다. 그러므로 얼굴이 빨개진다고 걱정할 필요는 전혀 없다. 얼굴이 금방 빨개지는 것이 부끄럽다면 감추려 하지 말고 오히려 그것을 자신의 무기로 삼아 당당하게 보여주는 편이 나을 것이다.

누구를 만나도 긴장하지 않는 사람이나 어떤 상황에서도 전혀 동요하지 않는 사람은 부러움도 사지만 반면에 건방지다든가 거만하다는 등의 나쁜 평가를 받을 수도 있다.

☆ 긴장한 모습은
감추지 않는 편이 좋다.

긴장을 풀어주는
3초의 뜸 들이기

사람들 앞에서 자신의 생각을 말하거나 프레젠테이션을 하려고 하면 굉장히 긴장될 때가 있다. 그럴 때 곧바로 입을 열어서는 안 된다. 긴장한 채로 말하려 하면 더 긴장해버리기 때문이다. 그럴 경우는 '한 박자 건너뛰도록' 하자. 무슨 말인가 하면, 일단 '상관없는 동작을 끼워 넣어보는' 것이다. 기침을 한다거나 넥타이를 다시 만진다거나 마이크의 음량을 조절한다거나, 자료를 책상 위에 톡톡 두드려서 가지런히 정돈한다거나 컵에 물을 따르는 등 상관없는 동작을 해보자. '다른 동작을 살짝 끼워 넣으면' 긴장이 완화된다.

나도 사람들과 만날 때 긴장하곤 하는데, 그럴 때는 앉아 있는 의자의 위치를 바꾸거나 웃옷을 천천히 벗거나 가방 속을 슬쩍 들여다본다. 그런 동작을 한 다음 "안녕하십니까? 잘 부탁드립니다"라고 말한다.

대학에서 강의를 시작할 때도 마찬가지다. 솔직히 말하면 벌써 몇 년째 강의를 하고 있음에도 여전히 매번 긴장한다(웃음). 특히 처음 말을 꺼낼 때는 항상 긴장한다. 그래서 분필을 잠시 만지거나 칠판을 지우거나 교단을 힘껏 잡은 다음 말을 한다. 그러면 어째서인지 목소리가 자연스럽게 나온다.

의식은 '한 번에 한 방향'으로만 향한다

다른 동작을 하나 끼워 넣으면 의식을 다른 방향으로 돌릴 수 있으며, 그러면 자신이 긴장했다는 사실도 잊을 수 있다.

의식은 한 번에 한 방향으로만 향한다. 그러므로 긴장을 일으키고 있는 대상과는 전혀 상관없는 방향으로 의식을 옮기면 긴장 상태를 완화시킬 수 있는 것이다.

긴장했을 때는 손수건으로 땀을 닦아도 좋고 부채를 부쳐도 좋고 무엇이라도 좋으니 동작을 하나 추가해보자. 그러면 그 순간에 긴장한 자신으로부터 해방되어 긴장했다는 사실도 잊을 수 있다. 불과 몇 초의 동작이지만 믿기 어려울 만큼의 효과가 있다.

팔에 고무줄 등을 끼우고 부정적인 생각이 떠오를 때마다 고무줄을 잡아당겼다 놓아서 소리를 내는 것도 좋은 방법이다. 고무줄을 잡아당길 때마다 '부정적인 생각을 해서는 안 돼'라고 자신에게 말하는 것이다.

이런 방법을 '사고 중단법'이라고 한다.

다른 동작을 끼워 넣는 것도 메커니즘은 이 사고 중단법과 같다.

가슴이 두근거리기 시작하면
'사고 중단 의식'을 치른다.

위기를 기회로 바꾸는
긍정적인 스트레스

경기장 밖으로 밀려나면 패배하는 스모에서 경기장의 가장자리로 몰린 상황은 위기라고 할 수 있을지 모른다. 그러나 처음부터 경기장 밖으로 밀려나려는 순간, 역으로 상대를 내동댕이치려고 계획한 선수에게는 오히려 경기를 결정지을 기회라고 할 수 있다.

　이와 같이 세상일은 생각하기에 따라 위기도 될 수 있고 기회도 될 수 있다.

　긍정적이고 유익한 스트레스를 '유스트레스Eustress'라고 부른다. 위기에 몰려도 '이거 오히려 기회가 될 수도 있겠는데?'라고 생각하면 스트레스를 받기는커녕 오히려 의욕이 솟구친다.

예를 들어 사장에게서 "자네의 상사인 ○○이 요즘 건강이 안 좋다더군. 그러니 이번 프로젝트는 자네가 리더를 맡아주게"라는 명령을 받았다고 가정하자. 리더가 되면 프로젝트가 실패했을 때 책임을 져야 한다. 그러나 '내 실력을 보여줄 천재일우의 기회'라고도 생각할 수 있는 것이다.

불안은 의욕으로 전환할 수 있다

미국 보스턴 대학의 미셸 투가드Michele Tugade 교수에 따르면, 불안이나 긴장은 생각하기에 따라 의욕이나 흥분으로 바꿀 수 있다고 한다. 실제로 많은 프로스포츠 선수는 불안감을 의욕으로 바꾸고 있다. 그들도 사람이므로 불안이나 긴장을 느끼지 않을 리가 없다. 그러나 그런 감정을 능숙하게 의욕으로 전환하는 것이다.

심장이 두근거리기 시작하면 '앗, 또 긴장했구나'라고 생각하지 말고 '기분이 고조되고 있어!'라고 생각하자. 손발이 덜덜 떨린다면 '몸도 겁을 내는구나'라고 생각하지 말고 '몸이 흥분을 주체 못해 떨리고 있어!'라고 생각하자. 그러면 불안이나 긴장은 서서히 의욕으로 바뀌어간다.

일본인은 한때 위기를 기회로 바꾼 적이 있다. 제1차 석유파동 당시 전 세계의 경제가 대혼란에 빠졌지만 일본 기업들은 '철저히 조직을 변혁할 기회', '에너지 절약을 진지하게 고민할 기회'로 받아들여 위기를 극복했다. 위기는 어떻게 생각하느냐에 따라 위기가 아닐 수도 있는 것이다.

위기에 빠졌다는 생각이 들면 그럴 때일수록 발상의 전환을 꾀하기 바란다. '멋진 기회가 내게 굴러들어 왔어!'라고 생각한다면 문제의 절반은 해결된 것이나 다름없다.

✡ 위기로 만드느냐 기회로 만드느냐는
자신에게 달려 있다.

셀프 토크로
의욕적인 마음을 만든다

하버드 비즈니스 스쿨의 앨리슨 브룩스Alison Brooks 교수에 따르면, 대부분의 사람은 불안을 느끼면 스스로에게 '침착하자' 같은 말을 한다고 한다. 그러나 브룩스는 이것이 그다지 효과가 없다고 지적한다. 불안을 '지우는 작전'은 잘 통하지 않는 것이다.

그렇다면 어떻게 해야 할까? 브룩스에 따르면 '이거 가슴이 두근거리는걸?' '흥분되기 시작했어'라고 자신에게 말하는 편이 좋다.

자신에게 말을 거는 것을 '셀프 토크'라고 하는데 이것을 적절히 이용하면 불안도 의욕으로 바꿀 수 있다.

"침착해"라고 한들 침착해질 리가 없다

브룩스는 점수 표시 기능이 있는 노래방에서 노래를 부르게 하는·아주 독특한 실험을 실시했다. '자신의 노래 실력을 채점받는다'는 것은 누구에게나 다소 긴장되는 일이다. 노래하기 전에 "침착해"라고 혼잣말을 하도록 시킨 그룹과 "이거 가슴이 두근거리는걸?"이라고 혼잣말을 하도록 시킨 그룹의 득점을 비교해봤는데, 그 결과 "침착해" 그룹의 평균 득점은 52.98점이었던 데 비해 "이거 가슴이 두근거리는걸?" 그룹은 80.52점이었다. 무려 30점 가까이 차이가 난다. 물론 "이거 가슴이 두근거리는걸?"이라고 혼잣말을 한 그룹에 노래를 잘하는 사람만 모아놓았던 것은 아니다.

불안을 느꼈을 때 "침착하자"라고 자신에게 말한들 침착할 수 있을 리가 없다. "침착하자"가 아니라 "좋아, 흥분되기 시작했어"라고 말하는 것이 중요하다. 그런 혼잣말을 하면 불안의 감정이 적절히 의욕으로 연결될 수 있다.

셀프 토크가 좋은 이유는 하나 더 있다. 사실 많은 사람들이 자신의 기분 상태에 대해 정확하게 모르는 경우가 많다. 그러므로 필요에 의해 용기를 내거나 적극성을 발휘해 일을 처리

해야 할 때는, 셀프 토크를 통해 먼저 '감정을 주입시켜버리는 것'이다.

이렇게 하면 두려움을 느끼기 전에 일종의 암시 효과가 되어 잘할 수 있다는 자신감도 생긴다.

자잘한 생각의 고민이 꼬리에 꼬리를 물고 덤벼올 때도 효과가 있다. 셀프 토크를 통해 '난 이렇게 느끼고 생각하겠어'라고 결심해버리면 된다.

✡ **불안을 의욕으로 바꾸는 셀프 토크를 실천해본다.**

자신에게
긍정적인 암시를 건다

앞에서 썼듯이 자신에게 말을 거는 것을 셀프 토크라고 부르는데, 여기에는 '동기 부여 셀프 토크, 절차적 셀프 토크'라는 두 종류가 있다. 그리고 심리학적으로 봤을 때 좀 더 긍정적인 효과를 기대할 수 있는 것은 동기 부여 셀프 토크다.

동기 부여 셀프 토크란, 아래와 같이 용기를 북돋는 말을 자신에게 하는 것이다.

"할 수 있어!"

"잘했어!"

"이대로만 계속하자!"

학교에서 교사가 학생을 칭찬할 때 하는 말과 같다.

절차적 셀프 토크는 '조작적 셀프 토크'라고도 한다. 가령 지금부터 어떤 사람을 만난다고 가정하자. 그럴 때 "수염은 잘 깎았나?" "몸단장은 제대로 했나?" "입 냄새 안 나는지 다시 한번 확인해보자" 등 자신의 행동에 대해 점검하며 말을 거는 것이 절차적 셀프 토크다.

나를 의욕적으로 만드는 '씩씩한 말'

영국 뱅고어 대학의 제임스 하디James Hardy 교수는 이 두 가지 셀프 토크 가운데 의욕을 높일 때는 '동기 부여 셀프 토크'가 더 좋다는 사실을 확인했다. 하디는 게일릭 풋볼(투기·럭비·축구가 혼합된 형태의 운동) 선수의 협력을 얻어서 프리킥을 12회 차게 했는데, 절반에게는 동기 부여 셀프 토크를 가르쳐주고 킥하기 전에 "좋았어, 가자!"라고 말하게 했다. 나머지 절반에게는 절차적 셀프 토크를 가르쳐주고 "목표 확인. 각도 확인. 공위치 확인" 같은 셀프 토크를 하게 했다. 그랬더니 동기 부여 셀프 토크를 한 그룹의 프리킥 성공 횟수가 더 많았다. 확인 작업을 실시하는 것 같은 셀프 토크도 효과가 없지는 않을 것 같지만, 사실은 동기 부여 셀프 토크가 더 좋은 것이다.

스스로에게 무엇인가 말을 걸 때는 자신을 의욕적으로 만드는 말을 고르자. 구체적인 대사는 무엇이든 상관없다.

"너는 최고야!"

"틀림없이 잘할 수 있어!"

"너만큼 멋진 사람은 없어!"

이처럼 기분이 좋아지는 '씩씩한 말'을 자기 나름대로 정해놓자.

✡ 기분이 고양되면 그에 걸맞은
　 결과가 따라온다.

긴장은 하더라도
지치지 않으면 된다

"일본 최강의 장기將棋 기사"로 불리며 전무후무한 기록을 가진 하부 요시하루羽生善治는 잡지 취재 등에서 "긴장이 계속되면 지치지 않습니까?"라는 질문을 자주 받는데, 그의 이야기에 따르면 긴장은 하지만 '지치지는 않는다'고 한다(하부 요시하루 지음,《버리는 힘捨てる力》, PHP출판).

긴장 상태가 계속되어도 그 긴장에 익숙해지면 지치지 않게 된다. 긴장에 익숙하지 않으니까 지치는 것이다. 어떤 일이든 익숙해지면 지치지 않는다.

그의 말처럼 긴장 상태가 계속되더라도 그것에 익숙해지면 지치지 않게 되는 것이다.

예를 들어 낯을 심하게 가리는 사람, 부끄럼을 많이 타는 사람도 몇 년씩 영업을 뛰다 보면 사람과 만날 때 여전히 긴장은 할지도 모르지만, 나름대로 능숙하게 대화하고 그다지 지치지 않게 된다.

나의 경우 대학에서 학생을 가르치고 세미나 강사 일도 하고 있으므로 사람들 앞에서 이야기하는 일이 많다. 그래서 사람들 앞에서 이야기하는 것에 익숙해지기는 했지만, 그래도 여전히 긴장은 한다. 그러나 강연이나 강의가 끝났을 때 '녹초가 되어서 쓰러질 것만 같은' 경우는 없어졌다.

긴장을 없애는 것은 애초에 불가능하다

아무리 멘탈 트레이닝을 거듭한들 부동심不動心은 일부 특별한 사람만이 손에 넣을 수 있는 것이 아닐까? 그러나 '긴장을 없애는 것'은 무리여도 긴장은 하지만 지치지 않게 되기는 가능하다.

미국 위스콘신 대학의 제인 필라빈Jane Piliavin 교수는 헌혈자 1,846명을 대상으로 조사를 실시해, 헌혈을 처음 하는 사람은 불안이나 긴장을 강렬하게 느낌을 밝혀냈다. 그런데 2~3회 헌혈을 한 사람은 그런 감정이 점점 사라졌다. 그리고 16회 이상 헌혈을 한 사람은 불안이나 긴장감을 거의 느끼지 않았다. 피를 뽑는 것은 두려운 일일지도 모르지만, 16회가 넘게 헌혈을 하다 보면 역시 익숙해진다는 말이다.

어떤 역할을 맡아서 조금 압박감을 느끼더라도 그런 상황을 여러 번 경험하다 보면 긴장에도 익숙해져 그다지 '신경 쓰이지 않게' 된다.

✦ 거듭 경험할수록
'신경 쓰이지 않게' 된다.

만나는 사람 모두에게
감사할 수 있는가

스트레스에 강한 사람에게는 매우 재미있는 특징이 있다. 그들의 눈에는 다른 사람의 얼굴이 어째서인지 웃는 모습으로 보인다는 것이다.

미국 캘리포니아 대학의 에스티발리즈 아르스Estibaliz Arce 교수는 대학생 65명을 대상으로 스트레스나 역경에 얼마나 강한지를 측정하는 '스트레스 내성耐性 테스트'를 실시했다. 그리고 이어서 무표정한 사람의 얼굴 사진을 보여주며 "이 사람은 지금 어떤 감정을 품고 있다고 생각합니까?"라고 질문했다. 그랬더니 스트레스 내성 테스트에서 고득점을 받은 사람일수록 무표정한 얼굴을 보고도 행복한 얼굴로 인식하는 사례가 많았다.

반대로 스트레스 내성 테스트에서 낮은 점수를 받은 사람은 무표정한 얼굴의 사진을 보고 '이 사람, 슬퍼 보여'라든가 '공포를 느끼고 있어'라고 인식했다고 한다.

상대의 표정에 자신을 투영한다?

이 심리 실험을 누군가에게 실시해보면 그 사람의 스트레스 내성도를 쉽게 간파할 수 있다. 예를 들어 거리를 걷고 있는 사람을 함께 바라보면서 "저 사람이 지금 어떤 감정을 품고 있을 것 같나요?"라고 물어보고 반응을 살피면 되는 것이다. "지친 것처럼 보이는데요"라든가 "쉬고 싶어 하는 것 같아요" 같은 반응을 하는 사람은 아마도 자신이 지금 그런 감정을 품고 있을 것이다. 자신이 그러하기 때문에 다른 사람도 그러리라고 추측하는 것이다. 이런 사람은 스트레스에 그다지 강하지 않다고 볼 수 있다.

반대로 길을 걷는 사람의 얼굴을 보고 "즐거워 보이네요"라고 대답하는 사람은 행복한 기분이 가득하며 스트레스에도 강하다고 유추할 수 있다. '만나는 사람 모두가 나한테 잘해줘. 이 얼마나 고마운가!'라며 고마워할 수 있는 사람은 주위 사람들이 모두 생글생글 웃고 있는 듯이 보일 것이 틀림없다. 그런 사람은 스트레스에 대한 내성이 높다.

마음속에 언제나 긍정적인 감정을 갖자. 행복감, 고양감, 활력, 의욕 같은 것이 흘러넘치면 스트레스를 잘 느끼지 않게 된다. 이를 위한 셀프 체크로 '다른 사람들의 얼굴이 어떻게 보이는가?'를 확인해보자. 주위 사람들의 표정이 웃는 것으로 보인다면 틀림없이 여러분의 현재 컨디션은 좋은 것이며 마음도 건강할 것이다.

✡ 다른 사람의 얼굴은 자신의 활력을
가늠할 수 있는 척도다.

싫은 일을 오락으로
만드는 비결

인간에게는 싫다고 생각하거나 고통스럽게 느껴지는 것도 '오락'으로 만들 수 있는 재능이 있다. 이 능력이 활용되는 전형적인 예가 등산과 마라톤이다. 왜 굳이 무거운 짐을 짊어지고 가파른 산길이나 눈 덮인 위험한 산을 오르는 것일까? 왜 이글거리는 태양 아래에서 혹은 차가운 바람을 뚫고 수십 킬로미터를 달리는 것일까? 그것은 본인만이 알 수 있겠지만 '너무나도 즐겁기 때문'일 것이다.

모든 것에 긍정적인 의미 부여를 한다

'지금 하는 일, 너무 따분해.'

'나한테만 잡일을 시키다니 짜증나.'

어쩌면 여러분은 지금 이런 불만을 품고 있을지도 모른다. 그러나 어차피 그 일을 할 바에는 오락이라고 생각해보면 어떨까?

번거로운 집안일도 어떤 사람은 '깨끗해지는 방을 보면 기분이 개운해져' '다리미질도 집중해서 하니 꽤 재미있는데?'라고 생각한다. 결국 '본인이 어떻게 생각하는가?' '사물을 어떻게 해석하는가?'에 따라 느낌이 달라지는 것이다.

몇 시간씩 방문 영업을 해야 할 때도 '하기 싫지만 하라고 하니까 하기는 하는데…'라고 생각하지 말고 '회사에서 돈을 받으면서 근무 시간에 거리를 걸을 수 있다니!'라고 생각하면 된다.

이런 식으로 '긍정적인 의미 부여'를 할 수 있으면 '이보다 멋진 직업이 또 있을까?'라며 신에게 감사하게 될지도 모른다.

✦ 결국 모든 것을 '긍정적으로
해석하는 사람'이 득을 본다.

어쨌든 움직이자!

작가인 소노 아야코曾野綾子는 《자신을 굽히지 않는 용기와 신념의 말自分をまげない勇気と信念のことば》(WAC)이라는 책에서 제2차 세계 대전 당시의 경험을 이야기했다.

그녀는 방공호에 숨어서 숨을 죽이고 있을 때 폭탄이 너무 두려워서 견딜 수 없었다고 한다. 그런데 방공호 밖에서 양동이 릴레이 등의 소화 활동을 필사적으로 하고 있을 때는 신기하게도 공포심을 느끼지 않았다고 한다. 방공호 밖에서는 폭탄이 하늘에서 떨어지는 모습을 그대로 보게 되기 때문에 방공호에 있을 때보다 무섭지 않을까 생각할지 모르지만, 적극적으로 몸을 움직이다 보니 불안감은 어딘가로 날아가 버렸다고 한다.

여러분도 불안에 적극적으로 맞서기 바란다. 피하려 하면 오히려 불안에 몸이 움츠려든다.

미국 오리건 대학의 캐러 루이스Cara Lewis 교수는 '청소년 우울증 연구'라는 프로젝트에 참가한 332명에게 우울감을 감소시키는 실험을 실시했다. 참가자를 항우울제를 투여하는 그룹, 사고방식을 바꾸는 훈련을 하는 그룹, 플라시보(위약)를 투여하는 그룹, 무엇인가 행동을 시키는 그룹으로 나눴는데, 가장 치료 효과가 컸던 것은 '행동을 시킨 그룹'이었다고 한다.

무엇이든 좋으니 행동을 하자. 이것이 우울증을 날려버리는 가장 간단하면서도 효과적인 방법이다. 행동을 하면 주의가 다른 곳을 향하게 된다. 게다가 그것이 '좋아하는 것' '열중할 수 있는 것'이라면 더할 나위가 없다.

어린아이들은 놀이에 열중하고 있을 때 다른 것은 전혀 안중에 두지 않는다. 말을 걸어도 귀에 들어오지 않는 듯하다. 여러분도 자신이 좋아하는 것에 차례차례 도전해보기를 바란다. 틀

림없이 놀이에 열중하는 아이와 마찬가지로 다른 일을 생각할
틈이 없어질 것이다.

하기 싫은 일을 하려고 하면 아무래도 집중이 되지 않아서 불
안감이 고개를 치켜들기 마련이다. 자신이 진심으로 즐거워할
수 있는 일부터 시작해보자.

PART

필요 없는
감정을 버리는
마음 연습

기분 정리를 잘하는 사람이란?

새 옷의 힘은
의외로 강하다

새 옷을 입으면 기분이 새로워지고 하찮은 일은 잊어버리기 마련이다. 무엇인가 불쾌하거나 우울해지는 일이 있을 때는 옷을 사러 가자. 가능하면 밝은색의 화려한 옷을 사는 것이 좋다. 기왕이면 지금까지 입어본 적이 없는 옷에 도전해보는 것도 괜찮다.

실제로 미국 뉴욕 대학의 마이클 솔로몬Michael Solomon 교수는 심리학 전문지《사이콜로지 투데이Psychology Today》에 '새 옷을 사면 우울한 기분도 날아간다'라는 내용의 논문을 발표했다.

겨울일수록 밝은색의 옷을 고른다

사람의 심리는 자신이 입고 있는 옷에도 영향을 받는다. 갈색이나 검은색 등 어두운 색의 옷을 입으면 마음도 음울해지기 쉽다. 한편 산뜻한 노란색이나 파란색 등 밝은색 옷을 입고 있으면 밝은 기분이 된다.

겨울이 되면 회색이나 검은색 코트를 입는 사람이 많은데, 어두운 색 코트를 입고 있으면 기분도 우울해지지 않을까 걱정이 된다. 나는 파란색 코트를 입고 다닌다.

겨울에는 안 그래도 사람의 마음이 어두워지는 경향이 있다. 이것을 '계절성 감정 장애'라고 한다. 그러므로 사실은 겨울이기에 더더욱 기분이 가라앉지 않도록 밝은색의 옷을 입는 편이 좋다. 의식적으로 젊은 느낌이 나는 색이나 무늬를 고르고, 셔츠도 밝은 파란색 스트라이프를 입는 등 기분이 부정적인 방향으로 끌려가지 않는 차림을 하기 바란다.

'조금 요란스러운가?' 싶을 정도의 옷에 도전한다

'새 옷을 입는다'라는 심리 테크닉의 좋은 점은 누구나 반드시 확실하게 실행할 수 있다는 것이다. 분명히 돈이 들기는 하지만 '어렵고 불가능한 일'이 아니다. 누구나 돈만 내면 새 옷을 살 수 있기 때문이다.

자신의 취향대로 옷을 고르면 아무래도 수수한 느낌의 옷만 사게 되는 사람은 점원에게 골라달라고 부탁하자.

"가급적 화려한 인상을 줄 수 있는 옷으로 골라주세요."

"가급적 젊은 이미지의 옷으로 부탁드립니다."

이렇게 말하면 점원은 자신만의 전문성을 발휘해 화려하면서도 여러분에게 잘 어울리는 옷을 제안해줄 것이다. '조금 요란스러운가?' 싶을 정도의 옷이 기분을 바꾸는 데 도움이 된다. 밝은색의 새 옷을 입으면 신이 나기 시작하며 비관적인 생각도 그다지 하지 않게 될 것이다.

✡ 밝은색의 옷을 입으면
기분까지 밝아진다.

자신만의 루틴을
정해놓는다

운동선수는 의욕이나 집중력을 끌어올리기 위한 '스위치'를 갖고 있다. 그런데 이 의욕 스위치는 운동선수만의 특권이 아니다. 마음만 먹으면 누구나 가질 수 있다.

의욕 스위치를 만드는 방법 중 하나는 '루틴routine'을 정하는 것이다. 루틴은 무엇인가를 하기 전에 반드시 행하는 정해진 일련의 동작이다. 유명한 루틴으로는 메이저리그의 스즈키 이치로鈴木一朗 선수가 타석에 들어서기 전에 하는 동작이 있다. 이치로는 항상 대기 타자석에 들어가면 정해진 동작으로 스트레칭을 시작하며, 타석에 들어선 뒤에도 역시 정해진 동작을 해 집중력을 높인다. 또한 럭비의 고로마루 아유무五郎丸步 선수도 킥에 들어가기 전에 손가락으로 독특한 모양을 만드는데, 이것은 '고로마루 포즈'로 알려지기도 한 동작이다.

여러분도 '이것을 하면 나는 최고의 실력을 낼 수 있어!'라는 동작을 정해서 습관화하기 바란다. 일단 습관이 들면 그 동작을 할 때마다 의욕에 스위치가 들어오거나 집중력이 높아지거나 불안감을 날려버릴 수 있게 된다.

'피크 퍼포먼스'가 가능한 사람

오스트레일리아 퀸즐랜드 대학의 루스 앤더슨Ruth Anderson 교수는 세계 선수권 대회와 올림픽에 출전하는 카누, 수영, 다이빙 선수 17명을 대상으로 "피크 퍼포먼스peak performance를 위해 무엇인가 특별한 행동을 합니까?"라고 물어봤다. 그러자 17명 중 10명이 "피크 퍼포먼스를 위한 루틴이 있다"라고 대답했다. 일류 선수에게는 '최고의 힘'을 내기 위해 반드시 행하는 동작이 있는 것이다.

피크 퍼포먼스란, 최고의 실행력을 낼 수 있는 상태를 가리킨다. 운동선수가 "존에 들어갔다"라는 말을 중계에서 종종 사용하는데, 이것은 '실행에 앞서 최고의 기회나 시기의 정신 상태'

를 의미한다. 피크 퍼포먼스도 이와 마찬가지라고 보면 된다.

독자 여러분도 하나라도 좋으니 자신만의 루틴을 정해두면 좋을 것이다. 가령 업무를 시작하기 전에 1분 정도 명상을 하거나 볼펜 끝을 바라보는 것도 괜찮다. 작가 애거사 크리스티Agatha Christie는 부엌에서 설거지를 하는 것이 루틴이었다고 한다. 접시를 닦으면서 추리 소설의 스토리를 구상하고 있었을까?

일단 루틴이 형성되면 여러분도 틀림없이 손쉽게 최고의 힘을 낼 수 있게 될 것이다.

애거사 크리스티는 '설거지'가 걸작을 쓰기 위한 루틴이었다.

마음이 강해지는
편리한 아이템

사람은 울고 있으면 슬퍼지고 웃고 있으면 유쾌한 기분이 된다. 두 손을 허리에 대고 거만한 자세를 취하면 마음속에 '기운'이 넘치게 된다는 데이터도 있다. 요컨대 사람의 마음은 어떤 신체적인 행동을 계기로 변화한다는 말이다.

프로 골퍼인 타이거 우즈Tiger Woods는 임상 심리학자인 제이 브룬자Jay Brunza에게 최면 요법 훈련을 받음으로써 "어떤 것을 방아쇠로 언제라도 트랜스trance 상태에 들어갈 수 있게 되었다"라고 말했다. 다만 어떤 '방아쇠'를 활용하고 있는지는 비밀이라고 한다. 여기서 트랜스란, 몽환夢幻이라고도 부르는데 어른이 아이의 등을 토닥토닥 두들기면서 자장가를 불러줄 때, 차창 밖으로 지나가는 경치를 바라볼 때 빠져드는 것을 말한다. 즉, 단조로운 자극이 지속적으로 반복되면서 쉽게 심신이 이완되는 상태다.

골프 저널리스트인 존 안드리사니John Andrisani는 천천히 눈을 감았다 다시 천천히 눈을 뜨는 동작을 2, 3회 반복하는 것이 '방아쇠'가 아닌가 추측하지만 진위는 알 수 없다(존 안드리사니 지음,《타이거 우즈의 강한 사고タイガー・ウッズの強い思考》, 닛케이 BP사).

어쨌든, 타이거 우즈가 샷에 들어갈 때의 준비 동작은 마치 파일럿이 이륙할 때 실시하는 확인 작업처럼 일정하고 규칙적이다. 이러한 준비 동작이 방아쇠가 되어서 좋은 샷이 만들어지는 것인지도 모른다.

3주 동안 계속해보자

그렇다면 이런 루틴은 어느 정도 기간을 들여야 몸에 뱰까? 타이거 우즈의 캐디를 맡았던 스티브 윌리엄스Steve Williams의 이야기에 따르면 최소 3주의 훈련은 필요한 듯하다. 그의 말로는 주먹을 불끈 쥐고 셀프 토크를 하는 것도 좋다고 한다. 주먹으로

가슴을 두드리거나 해도 좋을 것이다. 이 훈련을 하루에 2회씩 3주 동안 계속하면 '신체적인 스위치'가 완성된다고 한다(스티브 윌리엄스 등저,《타이거 우즈의 슈퍼 캐디가 공개하는 존 멘탈 트레이닝タイガー・ウッズのスーパーキャディが明かすゾーンメンタルトレーニング》, 일본문예사).

최소 3주라고 하니 다소 힘들어 보일지도 모르지만, 일단 루틴이 몸에 배면 언제 어디에서나 자신에게 활력을 불어넣고 싶을 때 이용할 수 있다. 간단한 동작, 이미지, 메시지("나라면 할 수 있어!" 같은 셀프 토크)를 정하고 하루에 2회 정도 동작과 이미지와 메시지를 반복하는 훈련을 해보자. 틀림없이 언제라도 집중 상태에 들어갈 수 있는 '편리한 스위치'가 완성될 것이다.

✤ 순식간에 '집중 상태'에 들어갈 수 있는
편리한 스위치를 만드는 비결이 있다.

작업 분할법으로
더는 허둥대지 않는다

어째서인지 항상 뒷북만 치고 예상 밖의 일이 일어나서 쩔쩔 맨다…. 이런 사람일수록 "제 딴에는 계획을 세운다고 세웠는데…" 같은 변명을 하는 경향이 있는데, 실제로는 '대략적인 부분'만 결정해놓고 '나머지는 어떻게든 되겠지'라고 생각한 결과다.

허둥대지 않기 위한 비결은 자신이 해야 할 작업을 최대한 잘게 분할하는 것이다. 먼저 작업을 세분화하고 개개의 작업에 대해 어느 정도 시간이 들어갈지 전망을 세운다. 그리고 각각의 작업에 대해 어림셈한 시간을 합계한 것이 '최종적으로 걸릴 시간'이 된다.

이것을 '작업 분할법'이라고 부르는데, 매우 효과적인 방법임이 심리학 실험에서도 확인되었다.

'대충 하는 성격'을 극복하는 방법

미국 일리노이 대학의 저스틴 크루거Justin Kruger 교수는 어느 대학생 그룹에 '데이트 준비에 걸리는 시간'을 어림셈하도록 지시했다. 그리고 실제 데이트 당일에 이 시간에 맞춰서 몸단장을 끝내는지 살펴보았는데 지킨 사람이 거의 없었다. 대부분은 시간을 크게 초과했다.

이어서 크루거는 다른 대학생 그룹에 '데이트 준비' 때 구체적으로 무엇을 하는지 자세히 열거하게 했다. 이를테면 '샤워를 한다' '옷을 갈아입는다' '화장을 한다' 등이다. 그리고 샤워를 하는 데 25분, 옷을 갈아입는 데 10분, 화장에 15분 같은 식으로 각각의 작업에 들어가는 시간을 개별적으로 어림셈하게 한 다음 그 합계 시간을 '데이트 준비에 걸리는 시간'으로 인식시켰다. 그러자 이 그룹이 어림셈한 시간은 실제로 데이트 준비를 했을 때 걸린 시간과 거의 일치했다.

인간은 기본적으로 사물을 대략적으로만 파악하는 측면이 있기 때문에 세세한 부분을 놓치기 마련이다. 그러나 자신이 해야 할 작업을 사전에 최대한 세세히 분할해서 생각하면 '이런, 이걸 깜빡했네' '이것도 해놓아야 하는데' 등 막상 닥친 뒤에 허둥대거나 당황하는 일이 없어진다.

항상 준비가 서툴러서 당황하는 사람은 '작업 분할법'을 꼭 시험해보기 바란다. 이때의 핵심은 작업을 최대한 세세하게 분할하는 것이다.

� 세세하게 분할해놓으면
허둥대거나 당황하지 않는다.

감정을 종이에
적어본다

무엇인가 고민거리가 있을 때 계속해서 생각만 하면 사고가 미로 속을 헤매다 결국 수습이 되지 않고 끝나버리기 쉽다. 그렇게 되지 않기 위해서는 생각을 종이에 적어볼 것을 권한다.

이것은 '멘탈 라이팅'이라고 부르는 테크닉이다.

머릿속에서 '어떡하지? 어떻게 해야 하지?'라고 고민하기만 해서는 적극적인 생각이나 해결법이 잘 떠오르지 않는다. 즉, 사고가 미로 속을 헤매기 때문에 그저 고민만 계속하게 된다.

한편 종이에 적으면 그것만으로도 기분이 개운해진다. '고민을 전부 털어놓았어'라는 기분이 들기 때문일 것이다.

'멘탈 라이팅'으로 침울한 기분을 개운하게

이탈리아의 사크로 쿠오레 가톨릭 대학 파올라 디 블라시오Paola Di Blasio 교수는 출산을 앞둔 113명을 대상으로 멘탈 라이팅의 심리 효과를 조사했다. 출산을 앞두고 있거나 출산 직후인 여성은 이유도 없이 불안해지고 기분이 침울해질 때가 많은데, 기분을 종이에 적으면 개운해지는지 조사한 것이다.

블라시오가 출산 직후와 3개월 후에 우울증과 스트레스 상태를 조사한 결과, 멘탈 라이팅 지도를 하지 않았던 그룹에서 16.0퍼센트가 우울증이나 스트레스에 시달린 데 비해 멘탈 라이팅 지도를 한 그룹에서는 그 비율이 8.8퍼센트에 그쳤다. 또한 같은 그룹을 대상으로 PTSD(심적 외상 후 스트레스 장애)의 지표(악몽, 초조함 등)도 조사했는데, 여섯 개 이상의 지표에 해당된 사람의 비율은 아무것도 하지 않았던 그룹이 30.0퍼센트였던 데 비해 멘탈 라이팅을 착실히 한 그룹은 10.5퍼센트였다.

감정을 종이에 적는 방법은 효과가 있는 것이다.

불쾌한 감정이 있으면 일단 종이에 적어보자. 블로그나 트위터로도 감정을 토로하는 것이 가능할지 모르지만, 비공개로 하지 않는 이상 타인의 눈에 띈다. 만일 누가 그것을 읽었다면 '참

불만이 많은 친구네'라는 나쁜 이미지를 가질지도 모른다. 반면에 자신만 볼 수 있는 공책이나 이면지 등에 고민을 적는다면 타인의 눈에 띌 걱정은 없다.

불쾌한 감정을 종이에 적었다면 후에 잘게 찢어 버리자. 그러면 기분이 개운해지면서 '자, 내일부터는 다시 파이팅하자!'라는 의욕이 샘솟을 것이다.

✡ 불쾌한 감정을 종이에 적은 다음 잘게 찢어 버리자!

자신의 마음을
실황 중계해본다

'나는 지금 무엇을 느끼고 있는가?'를 의식하는 습관을 들이는 것은 매우 중요하다. 자신의 '감정 움직임을 의식하는 것'은 '예민한 것'과는 다르다. 그것은 자신의 감정을 '객관화하는 것'이다. 그리고 감정이 객관화되면 이를 효율적으로 제어할 수 있게 된다.

작은 일에도 긴장하는 사람은 '머릿속이 새하얘지기 쉬운' 모양이다. 그러나 자신의 감정을 제대로 인식할 수 있는 사람은 그런 일을 좀처럼 겪지 않는다.

그러나 다음과 같이 실황 중계를 한다면 자신을 객관적으로 바라볼 수 있다.

"이런, 저는 지금 긴장을 하고 있군요."

"손과 발이 다소 떨리는 것 같습니다."

"자, 앞으로 저는 어떻게 될까요?"

"과연 이 위기를 극복할 수 있을까요?"

이렇게 실황 중계를 하는 사이에 긴장이 풀려서 어느 사이엔가 긴장 상태에서 벗어나게 된다.

'마음챙김'으로 마음이 온화해진다

자신의 현재 '감정'이나 '외적인 경험'에 의식을 집중하는 마음의 훈련으로 '마음챙김Mindfulness'이 화제가 되고 있다. 실제로 미국 듀크 대학의 마르쿠스 로드리게스Marcus Rodriguez 교수는 마음챙김의 심리적인 효과를 조사한 결과, 바람에 머리카락이 날리거나 햇빛이 얼굴에 닿는 등의 '지금 현재의 외적 경험'에 의식을 집중하면 스트레스가 줄어듦을 확인했다.

평소 자신의 '감정의 움직임'에 주의를 기울여보자. 그리고 걸을 때는 발바닥에 자신의 체중이 확실히 실리는 것을 느끼고 호흡이 안정적인지 의식해보기 바란다. 머리끝에서 발끝까지 의식이 골고루 닿도록 하는 것이다. 그런 훈련을 하면 자신의 감정을 냉정하게 바라볼 수 있게 된다.

사람은 자신을 누구보다 잘 알고 있다고 생각하지만 사실은 별로 잘 알지 못한다. 호흡이 얕은지 깊은지, 심박수는 안정적인지, 혈액의 흐름은 빠른지 느린지, 몸이 따뜻하게 느껴지는지 아니면 차갑게 느껴지는지…. 이런 것들에 대해 대체로 자각이 없다. 그러나 이런 세밀한 부분까지 의식하게 되면 자신을 좀 더 잘 알 수 있게 되며, 자신의 감정을 제어하는 것도 그렇게 어려운 일이 아니게 된다.

냉정하게 자신을 바라보기 위한
'마음의 훈련'을 습관화하자.

맨발로 흙 위를
걷는 것의 효과

내 작은아이가 다녔던 유치원에서는 이따금 원생들을 유치원 마당에서 맨발로 놀게 했다. 처음에 나는 겨울철의 건포마찰^乾布磨擦처럼 '몸을 건강하게 만들기 위해서인가?' 정도로 생각했다(건포마찰이란, 살갗을 튼튼하게 하고 혈액 순환이 잘되도록 마른 수건으로 온몸을 문지르는 일이다). 이를 '재미있는 아이디어네'라고 생각했지만 그다지 진지하게 바라보지는 않았다.

그런데 최근 들어 어떤 논문을 읽고 '맨발로 걷는 것'이 감정에 매우 좋은 효과를 불러온다는 사실을 알게 되었다. 양말을 벗고 맨발이 되어서 흙 위를 걸으면 사람의 기분은 매우 개운해진다고 한다.

미국 캘리포니아 대학의 가에탕 슈발리에Gaétan Chevalier 교수는 중·노년의 자원봉사자를 모아서 실험을 했다. 자원봉사자들의 평균 연령은 53.3세였는데, 이 정도 연령대의 사람은 호르몬 균형 변화 등으로 기분이 심하게 가라앉을 때가 많다. 슈발리에는 일주일에 걸쳐 그들에게 맨발로 흙 위를 걷게 했는데, 그 결과 행복감이나 상쾌함 같은 긍정적인 감정이 높아지는 것을 알 수 있었다. 활력도 솟아나서 모두 전보다 건강해졌다고 한다.

'어머니 대지'와 '마음'을 공명시킨다

왜 맨발로 흙 위를 걸으면 긍정적인 감정이 생겨나는 것인지 그 메커니즘에 관해서는 아직 알려져 있지 않다. 맨발이 흙의 표면에 자극을 받아서 지압 같은 효과를 기대할 수 있는 것인지도 모르며, 어쩌면 '어머니 대지'에 직접 몸이 닿자 사람의 마음이 감동한 것일 가능성도 있다. "발이 땅에 닿아 있다"라는 표현은 '마음이나 생각이 안정되었다'는 의미로도 사용되는데, 이처럼 어머니 대지의 힘으로 마음이 안정을 되찾는 것인지도 모른다.

어쨌든 '맨발로 걷는 것은 심리 상태를 안정시키는 데 매우 효과적'임이 조사에서도 밝혀진 것이다.

맨발로 거리를 걷는 것은 무리이므로 마당이나 공원 등에서 시험 삼아 맨발로 걸어보자. 또한 슈발리에는 맨발로 걷는 것뿐만 아니라 흙 위에 누워서 뒹구는 것도 효과가 있다고 말했다. 하이킹을 나갔을 때 등의 기회에 시험해보면 좋을지도.

☆ 땅에 발이 닿아 있으면 마음이 안정을 되찾는다.

원하는 미래를
손에 넣는 법

자신이 바라는 미래를 손에 넣기 위한 방법으로 '이미지 트레이닝'이 있다. 여기에는 '결과 시뮬레이션', '과정 시뮬레이션'의 두 가지 방법이 있다.

일반적으로 이미지 트레이닝이라고 하면 '장밋빛 미래를 열심히 상상하는 것'이라는 인식이 있는데, 이쪽은 '결과 트레이닝'이라고 부르는 방법이다. 그러나 바라는 미래를 손에 넣기 위해서는 진행 과정을 따라가면서 구체적으로 상상하는 '과정 시뮬레이션'이라는 방법이 더 효과적이다.

골프를 예로 들면, 공이 홀인hole in 해서 자신이 한껏 좋아하는 장면만을 떠올리는 것이 '결과 시뮬레이션'이다. 한편 공을 바라보면서 바람에 흔들리는 주위의 나무들까지 선명하게 떠올리고, 천천히 스윙을 한 다음 날아가는 공의 궤도를 눈으로 쫓는다. 이어서 공이 지면에 떨어져 구르는 모습을 상상하며 최종적으로 홀에 공을 집어넣는다. 이 과정을 상세하게 상상하는 것이 '과정 시뮬레이션'이다.

심리 실험이 가르쳐주는 '희망 실현' 방법

미국 캘리포니아 대학의 셸리 테일러Shelley Taylor 교수는 대학생을 대상으로 '이미지 트레이닝'에 관한 심리 실험을 실시했다.

테일러는 시험공부를 하고 있는 대학생을 두 그룹으로 나눴다. 한쪽 그룹에는 '단순히 자신이 받은 점수를 상상하는' 결과 시뮬레이션을 시켰고, 다른 쪽 그룹에는 시험 일까지 어떤 공부를 할지, 무엇에 얼마나 시간을 투자할지, 어디에서 공부할지 등 '구체적으로 상상하는' 과정 시뮬레이션을 시켰다.

두 그룹의 대학생은 실제로 어떤 점수를 받았을까? '결과 시뮬레이션'을 시킨 그룹의 평균 점수는 67.61점이었던 데 비해 '과정 시뮬레이션'을 시킨 그룹의 평균 점수는 73.18점이었다.

'내가 부자가 된 모습을 열심히 상상하면 부자가 될 수 있다'

같은 내용이 적힌 책도 세상에 많은 것으로 아는데, 이런 이미지 트레이닝은 별다른 효과가 없다는 것이다. 부자가 되고 싶으면 좀 더 자세하고 구체적으로 '부자가 되는 과정'을 상상하기 바란다. 자신이 필사적으로 노력하는 모습, 그것을 보고 감동해 주는 고객과 가족을 구체적으로 머릿속에 그리면 이미지 트레이닝은 점차 효과를 발휘할 것이다.

✡ 바람이 이루어지는 과정을
머릿속에서 '생생하게' 그려본다.

'즐거워! 재미있어!'를
말버릇으로 삼는다

배가 고플 때는 무엇을 먹든 맛있게 느껴진다. 이와 마찬가지로 마음이 즐거움으로 넘쳐날 때는 무엇을 해도 즐겁게 느껴진다. 한편 마음이 지쳤거나 무엇인가 불안 또는 걱정거리, 마음에 걸리는 것이 있을 때는 무엇을 해도 별로 즐겁게 느껴지지 않는다.

　이것은 심리학의 조사에서도 밝혀진 사실이다. 미국 서던 일리노이 대학의 토머스 쉴Thomas Schill 교수는 100명이 넘는 대학생에게 개인적인 활동(독서나 음악 감상 등), 사회적인 활동(누군가와 저녁 식사를 하는 등), 신체적인 활동(스포츠나 산책 등)에 관해 '얼마나 자신이 즐거워하고 있는가?'를 물어봤다. 그리고 그 대학생들의 '우울 정도'도 조사했다.

그랬더니 우울 정도가 심한 사람일수록 어떤 활동을 해도 기쁘지 않고 즐겁지 않음이 밝혀졌다.

만사가 즐거운 경지에 이르려면?

어린아이는 시시한 것에도 크게 웃는다. 술래잡기나 깡통 차기 등 어른이 볼 때는 무엇이 재미있는지 모르겠는 놀이도 질려 하는 기색 없이 즐겁게 한다. 아이는 만사가 즐거운 것이다.

그런데 어른이 되어감에 따라 웃는 빈도가 줄어든다. 어린이의 마음은 넘칠 만큼 풍요로운데 어른이 되면 자신도 모르는 사이에 마음이 가난해진다. 그래서 무엇을 해도 재미있다고 느끼지 못하게 된다.

유쾌한 기분을 확산시키는 작은 마음가짐

그렇다면 어떻게 해야 마음의 풍요를 유지할 수 있을까? 먼저 "따분해"라든가 "재미없어" 같은 말을 절대 입 밖에 내지 않는다. 대신 "이거 재미있는데!?" "이거 즐거운걸!?"이라고 말하도록 한다.

"재미있네"를 입버릇으로 삼으면 마음은 정말로 즐거워진다.

"즐거워"라고 말하면 정말로 마음속에 즐거움과 유쾌한 기분이 퍼져나간다.

어떤 요리든 "맛있어!"라고 말하면서 먹으면 정말로 맛있게 느껴진다. 사람의 마음은 입 밖에 내는 말에 영향을 받는다.

마음을 풍요롭게 만들고 싶다면 '마음이 풍요로워지는 말'을 하자.

✿ '따분하네'라고 생각했을 때일수록
"재미있어졌어!"라고 말해본다.

언제나 긍정적인 말로
자신을 격려한다

"구실과 고약(다친 곳에 붙이는 끈끈한 약)은 어디에나 붙일 수 있다"라는 속담이 있다. '마음만 먹으면 무엇에든 핑계나 불만을 붙일 수 있다'는 의미다. 이것은 '변명'도 마찬가지다. 이 또한 자신에게 유리한 방향으로 말하려고 마음만 먹으면 얼마든지 만들어낼 수 있다. 그러나 변명만 해서는 인생이 정체되고 재미가 없어진다. 변명은 "지금 이대로가 좋아" "나는 바뀌고 싶지 않아"라고 말하는 것과 같기 때문이다.

변명만 하는 운동선수가 기술을 갈고닦아 강해질 수 있을까? 노르웨이 스포츠 과학 대학의 에릭 호프세스Erik Hofseth 교수는 프리미어 리그의 유스 클럽에 재적 중인 14세부터 21세까지의 선수 589명을 대상으로 자신에게 얼마나 변명을 하는지 물어봤다. 그 결과, 변명만 하는 학생일수록 코치에게 "기술이 없어"라고 평가받는 경향이 있었다.

"오늘은 컨디션이 좋지 못해서 제대로 달릴 수가 없어요."

"밥을 못 먹어서 의욕이 안 나요."

이런 식으로 변명이 앞서는 선수는 아무리 시간이 지나도 기술이 향상되지 않는다.

당신은 좀 더 잘할 수 있다

변명을 하기는 쉽다. 인간은 자신에게 유리한 변명을 얼마든지 생각해낼 수 있다. 변명의 명수인 것이다. 그러나 그래서는 자신을 향상시킬 수 없다.

"부모님이 별로 머리가 안 좋은 탓에 나도 그다지 머리가 좋지 못해"라는 변명을 하며 전혀 공부하지 않는 사람이 있다. "부모님이 부자가 아니어서 나도 가난해"라고 말하는 사람도 있다. 그러나 세상의 모든 학자나 부자가 부모 때부터 그랬던 것은 아니다. 부모에게 머리와 자산을 물려받은 사람도 있겠지만 '자신의 노력과 재능으로 성과를 낸 사람도 있다'는 사실은

간과하고 있다.

변명을 시작한 순간 사람의 마음에서는 행동할 의욕이 사라져버린다. 그러니 앞으로는 변명이 입 밖에 나올 것 같으면 꾹 삼켜버리자. 그리고 '괜찮아. 나는 좀 더 잘할 수 있어'라고 생각하자. 그러는 편이 긍정적이고 적극적으로 인생을 살게 한다.

적극적으로 살수록
인생은 더욱 재미있어진다.

일단 아무거나 시험 삼아 실천해본다

지금까지 여러 가지 심리 테크닉을 소개했는데, 개중에는 '이건 나와 안 맞을 거야'라고 느끼는 것이 있을지도 모른다. 의약품 도 효능에 개인차가 있듯이, 같은 심리 테크닉이라도 어떤 사람 에게는 효과가 매우 크지만 다른 사람에게는 그다지 도움이 되 지 않는 것처럼 느껴질 수도 있다.

중요한 것은 일단 아무거나 '직접 실천해보는 것'이다. 실제 로 시험해보지 않고서는 정말로 도움이 될지 어떨지 알 수가 없다. 나는 매년 500권 이상의 비즈니스·자기계발 서적을 읽고 있다. 그리고 그 책에 적혀 있는 내용을 직접 실천하고는 하는데 '효과가 있는 것'도 있지만 그렇지 않은 것도 있다.

예를 들어 어떤 책에 "부자가 되고 싶으면 장지갑을 사용하는 편이 좋다"라고 적혀 있어서 반지갑과 장지갑을 모두 사용해봤는데, 내 경우는 양쪽 모두 아무런 변화가 없었다. '장지갑으로 바꿨더니 부자가 된 것'도 아니고, '반지갑으로 바꿨더니 일거리가 들어오지 않게 된 적'도 없었다.

또한 직장에서 성과를 올리기 위해서는 "책상 위를 정리 정돈하시오"라고 적힌 책도 있었다. 그러나 책상 위가 어질러졌든 정리 정돈되어 있든 내 업무 능률은 그다지 변화가 없었다. 한 달에 한 번은 청소를 하고 있으므로 책상 위는 깨끗한 편이라고 생각하지만, 바쁠 때는 어질러진 채로 일을 하기도 한다.

어쨌든 확실한 것은 '자신이 실제로 시험해보기까지는 아무것도 알 수 없다'는 것이다. '이것도 실험이야'라고 생각하면서 일단 '효과가 있다'는 평가를 받은 것을 하나하나 시도해본다면 그것만으로도 긍정적인 자극이 될 수 있다. 이렇게 어떤 식으로든 행동을 하면 망설임이나 불안감도 적어진다. '아무것도

하지 않는 것'이 가장 나쁘며 '무엇이든 좋으니 일단 해본다'는
마음가짐으로 시도하면 불안해지지 않는다.

어쨌든, 이 책에서 한 조언을 부디 하나하나 시험해보기를 바
란다. '나는 매일 새로운 심리 테크닉을 연습하고 있어'라는 의
식을 갖기만 해도 '신경 쓰이는 일'에 고민하는 시간을 줄일 수
있다.

감정에 휘둘리는
자신과 결별하자

'누구에게나 있는 개운치 않은 기분이나 고민, 초조, 불안 같
은 마음을 조금이라도 가볍게 해줄 수 있다면….'

이런 마음으로 집필한 것이 바로 이 책입니다.

여러분의 마음을 가볍게 하기 위한 방법을 소개할 때는 수많
은 논문으로 '심리학적인 근거'를 증명해 제시하려 노력했습니
다. 그리고 '마음 메커니즘'의 정말 중요한 포인트인 '핵심'만을
추출할 것을 염두에 두면서 집필했습니다. 차례만 가볍게 훑어
봐도 '감정에 휘둘리지 않기 위한 포인트'를 파악할 수 있게 말
입니다.

독자 여러분이 이 책의 테크닉을 계속 활용해나가면서 즐거

운 인생을 살 수 있게 되기를 기원합니다.

지금까지 읽어주셔서 진심으로 감사합니다.
다시 어딘가에서 만날 수 있기를.

나이토 요시히토

참고 문헌

- Amabile, T., & Steven, K. J., 2011, "The power of small wins." *Harvard Business Review 89*, 70-80.

- Anderson, R., Hanrahan, S. J., & Mallett, C. J., 2014, "Investigating the optimal psychological state for peak performance in Australian elite athletes." *Journal of Applied Sport Psychology 26*, 318-333.

- Andrews, B., & Brown, G. W., 1995, "Stability and change in low self-esteem: The role of psychosocial factors." *Psychological Medicine 25*, 23-31.

- Arce, E., Simmons, A. N., Stein, M. B., Winkielman, P., Hitchcock, C., & Paulus, M. P., 2009, "Association between individual differences in self-reported emotional resilience and the affective perception of neutral faces." *Journal of Affective Disorders 114*, 289-293.

- Bandura, A., & Schunk, D. H., 1981, "Cultivating competence, self-efficacy, and intrinsic interest through proximal self-motivation." *Journal of Personality and Social Psychology 41*, 586-598.

- Blasio, P. D., Camisasca, E., Cavavita, S. C. S., Ionio, C., Milani, L., & Valtolina, G. G., 2015, "The effects of expressive writing on postpartum depression and posttraumatic stress symptoms." *Psychological Reports 117*, 856-882.

- Bolger, N., & Schilling, E. A., 1991, "Personality and problems of everyday life: The role of neuroticism in exposure and reactivity to daily stressors." *Journal of Personality 59*, 356-386.

- Brooks, A. W., 2014, "Get excited: Reappraising pre-performance anxiety as excitement." *Journal of Experimental Psychology: General 143*, 1144-1158.

- Carney, D. R., Cuddy, A. J. C., & Yap, A. J., 2010, "Power posing: Brief nonverbal displays affect neuroendocrine levels and risk tolerance." *Psychological Science 21*, 1363-1368.

- Carton, A. M., & Aiello, J. R., 2009, "Control and anticipation of social interruptions: Reduced stress and improved task performance." *Journal of Applied Social Psychology 39*, 169-185.

- Cash, T. F., Dawson, K., Davis, P., Bowen, M., & Galumbeck, C., 1989, "Effects of cosmetics use on the physical attractiveness and body image of American college women." *Journal of Social Psychology 129*, 349-355.

- Chevalier, G., 2015, "The effect of grounding the human body on mood." *Psychological Reports 116*, 534-542.

- Cline, K. M. C., 2010, "Psychological effects of dog ownership: Role strain, role enhancement, and depression." *Journal of Social Psychology 150*, 117-131.

- De Jong, P. J., 1999, "Communication and remedial effects of social blushing." *Journal of Nonverbal Behavior 23*, 197-217.

- De Koning, E. B. G., Passchier, J., & Dekker, F. W., 1990, "Psychological problems with hair loss in general practice and the treatment policies of general practitioners." *Psychological Reports 67*, 775-778.

- Delinsky, S. S., 2005, "Cosmetic surgery: A common and accepted form of self-improvement." *Journal of Applied Social Psychology 35*, 2012-2028.

- Di Paula, A., & Campbell, J. D., 2002, "Self-esteem and persistence in the face of failure." *Journal of Personality and Social Psychology 83*, 711-724.

- Dolbier, C. L., Jaggars, S. S., & Steinhardt, M. A., 2010, "Stress-related growth: Pre-intervention correlates and change following a resilience intervention." *Stress and Health 26*, 135-147.

- Ein-Dor, T., & Hirschberger, G., 2012, "Sexual healing: Daily diary evidence that sex relieves stress for men and women in satisfying relationships." *Journal of Social Personal Relationships 29*, 126-139.

- Hansen, C. J., Stevens, L. C., & Coast, J. R., 2001, "Exercise duration and mood state: How much is enough to feel better?" *Health Psychology 20*, 267-275.
- Hardy, J., Begley, K., & Blanchfeld, A. W., 2015, "It's good but it's not right: Instructional self-talk and skilled performance." *Journal of Applied Sport Psychology 27*, 132-139.
- Harper, M. S., & Welsh, D. P., 2007, "Keeping quiet: Self-silencing and its association with relational and individual functioning among adolescent romantic couples." *Journal of Social Personal Relationships 24*, 99-116.
- Hill, R. A., & Barton, R. A., 2005, "Red enhances human performance in contests." *Nature 435*, 293.
- Hofseth, E., Toering, T., & Jordet, G., 2015, "Shame proneness, guilt proneness, behavioral self-handicapping, and skill level: A mediational analysis." *Journal of Applied Sport Psychology 27*, 359-370.
- Houtz, J. C., & Weinerman, I. K., 1997, "Teachers' perceptions of effective preparation to teach." *Psychological Reports 80*, 955-961.
- Hurley, A. E., & Sonnenfeld, J. A., 1998, "The effect of organizational experience on managerial career attainment in an internal labor market." *Journal of Vocational Behavior 52*, 172-190.
- Iverson, G. L., & Thordarson, D. S., 2005, "Women with low activity are at increased risk for depression." *Psychological Reports 96*, 133-140.
- Joiner, T. E., Jr., Alfano, M. S., & Metalsky, G. I., 1992, "When depression breeds contempt: Reassurance seeking, self-esteem, and rejection of depressed college students by their roommates." *Journal of Abnormal Psychology 101*, 165-173.
- Kilduff, M., Crossland, C., Tsai, W., & Krackhardt, D., 2008, "Organizational network perceptions versus reality: A small world after all?" *Organizational Behavior and Human Decision Processes 107*, 15-28.
- Kinnier, R. N., Tribbensee, C, R., & Vaughan, S., 2001, "In the fnal analysis:

More wisdom from people who have faced death." *Journal of Counseling and Development 79*, 171-177.

- Kruger, J., & Evans, M., 2004, "If you don't want to be late, enumerate: Unpacking reduces the planning fallacy." *Journal of Experimental Social Psychology 40*, 586-598.

- Lewis, C. C., Simons, A. D., Silva, S. G., Rohde, P., Small, D. M., Murakami, J. L., High, R. R., & March, J. S., 2009, "The role of readiness to change in response to treatment." *Journal of Consulting and Clinical Psychology 77*, 422-428.

- Lustman, M., Wiesenthal, D. L., & Flett, G. L., 2010, "Narcissism and aggressive driving: Is an inflated view of the self a road hazard?" *Journal of Applied Social Psychology 40*, 1423-1449.

- Maltby, J., & Day, L., 2000, "Romantic acts and depression." *Psychological Reports 86*, 260-262.

- Mason, M. J., Schmidt, C., Abraham, A., Walker, L., & Tecyak, K., 2009, "Adolescents' social environment and depression: Social networks, extracurricular activity, and family relationship influences." *Journal of Clinical Psychology in Medical Settings 16*, 346-354.

- McConnell, A. R., Brown, C. M., Shoda, T. M., Stayton, L. E., & Martin, C. E., 2011, "Friends with benefits: On the positive consequences of pet ownership." *Journal of Personality and Social Psychology 101*, 1239-1252.

- McFall, R. M., & Marston, A. R., 1970, "An experimental investigation of behavior rehearsal in assertive training." *Journal of Abnormal Psychology 76*, 295-303.

- Muraven, M., Tice, D. M., & Baumeister, R. F., 1998, "Self-control as limited resource: Regulatory depletion patterns." *Journal of Personality and Social Psychology 74*, 774-789.

- Muris, P., Roelofs, J., Rassin, E., Franken, I., & Mayer, B., 2005, "Mediating effects of rumination and worry on the links between neuroticism, anxiety and depression." *Personality and Individual Differences 39*, 1105-1111.

- Neff, L. A., & Broady, E. F., 2011, "Stress resilience in early marriage: Can practice make perfect?" *Journal of Personality and Social Psychology 101*, 1050-1067.

- Oettingen, G., & Wadden, T. A., 1991, "Expectation, fantasy, and weight loss: Is the impact of positive thinking always positive?" *Cognitive Therapy and Research 15*, 167-175.

- O'Mara, E. M., McNulty, J. K., & Karney, B. R., 2011, "Positively biased appraisals in everyday life: When do they benefit mental health and when do they harm it?" *Journal of Personality and Social Psychology 101*, 415-432.

- Pham, L. B., & Taylor, S. E., 1999, "From thought to action: Effects of process-versus outcome-based mental simulations on performance." *Personality and Social Psychology Bulletin 25*, 250-260.

- Piliavin, J. A., Callero, P. L., & Evans, D. E., 1982, "Addiction to altruism? Opponent-process theory and habitual blood donation." *Journal of Personality and Social Psychology 43*, 1200-1213.

- Pinter, E. J., Tolis, G., Guyda, H., & Katsarkas, A., 1979, "Hormonal and free fatty acid changes during strenuous fight in novices and trained personal." *Psychoneuroendocrinology 4*, 79-82.

- Poresky, R. H., 1997, "Sex, childhood pets and young adults' self-concept scores." *Psychological Reports 80*, 371-377.

- Rodriguez, M. A., Xu, W., Wang, X., & Liu, X., 2015, "Self-acceptance mediates the relationship between mindfulness and perceived stress." *Psychological Reports 116*, 513-522.

- Schill, T., & Sharp, M., 1994, "Self-defeating personality, depression, and pleasure from activities." *Psychological Reports 74*, 680-682.

- Sedikides, C., Rudich, E. A., Gregg, A. P., Kumashiro, M., & Rusbult, C., 2004, "Are normal narcissists psychologically healthy?: Self-esteem matters." *Journal of Personality and Social Psychology 87*, 400-416.

- Sigall, H., & Johnson, M., 2006, "The relationship between facial contact with a pillow and mood." *Journal of Applied Social Psychology 36*, 505-526.

- Smeesters, D., & Mandel, N., 2006, "Positive and negative media image effects on the self." *Journal of Consumer Research 32*, 576-582.

- Solomon, M. R., 1986, "Dress for effect." *Psychology Today: April*, 20-28.

- Sonnentag, S., 2003, "Recovery, work engagement, and proactive behavior: A new look at the interface between nonwork and work." *Journal of Applied Psychology 88*, 518-528.

- Spinella, M., & Lester, D., 2006, "Can money buy happiness?" *Psychological Reports 99*, 992.

- Tamir, M., Robinson, M. D., Clore, G. L., Martin, L. L., & Whitaker, D. J., 2004, "Are we puppets on a string? The contextual meaning of unconscious expressive cues." *Personality and Social Psychology Bulletin 30*, 237-249.

- Taylor, S. E., Phan, L. B., Rivkin, I. D., & Armor, D. A., 1998, "Harnessing the imagination." *American Psychologist 53*, 429-439.

- Thayer, R. E., Newman, R., & McClain, T. M., 1994, "Self-regulation of mood: Strategies for changing a bad mood, raising energy, and reducing tension." *Journal of Personality and Social Psychology 67*, 910-925.

- Thompson, T., Mason, B., & Montgomery, I., 1999, "Worry and defensive pessimism: A test of two intervention strategies." *Behavior Change 16*, 246-258.

- Tugade, M. M., & Fredrickson, B. L., 2004, "Resilient individuals use positive emotions to bounce back from negative emotional experiences." *Journal of Personality and Social Psychology 86*, 320-333.

- Wrosch, C., & Miller, G. E., 2009, "Depressive symptoms can be useful: Self-regulatory and emotional benefits of dysphoric mood in adolescence." *Journal of Personality and Social Psychology 96*, 1181-1190.

옮긴이 **김정환**

건국대학교 토목공학과를 졸업하고 일본외국어전문학교 일한통번역과를 수료했다. 21세기가 시작되던 해에 우연히 서점에서 발견한 책 한 권에 흥미를 느끼고 번역의 세계에 발을 들여, 현재 번역 에이전시 엔터스코리아 출판기획 및 일본어 전문 번역가로 활동하고 있다. 공대 출신의 번역가로서 공대의 특징인 논리성을 살리면서 번역에 필요한 문과의 감성을 접목하는 것이 목표다.
옮긴 책으로 《격》《일과 인간관계에서 도망치는 용기》《고민 오프》《불안과 외로움을 다스리는 마음의 약상자》《걱정하는 일의 90%는 일어나지 않는다》《이상한 논문》 등이 있다.

금방 괜찮아지는 마음

ⓒ 나이토 요시히토, 2018

초판 1쇄 인쇄일   2018년 9월 6일
초판 1쇄 발행일   2018년 9월 13일

지은이   나이토 요시히토
옮긴이   김정환
펴낸이   정은영
편집   고은주 한지희
마케팅   한승훈 윤혜은 황은진
제작   이재욱 박규태

펴낸곳   꿈지락
출판등록   2001년 11월 28일 제2001-000259호
주소   04047 서울시 마포구 양화로6길 49
전화   편집부 (02)324-2347, 경영지원부 (02)325-6047
팩스   편집부 (02)324-2348, 경영지원부 (02)2648-1311
이메일   spacenote@jamobook.com

ISBN 978-89-544-3900-8 (03190)

잘못된 책은 구입처에서 교환해드립니다.

꿈지락은 "마음을 움직이는(感) 즐거운(樂) 지식을 담는(知)"
㈜자음과모음의 실용에세이 브랜드입니다.

이 도서의 국립중앙도서관 출판시도서목록(CIP)은 서지정보유통지원시스템 홈페이지
(http://seoji.nl.go.kr)와 국가자료공동목록시스템(http://www.nl.go.kr/kolisnet)에서
이용하실 수 있습니다.(CIP제어번호: CIP2018025229)